# TRIBULACIONES DE UNA CAJERA

Anna Sam

# Tribulaciones de una cajera

Traducción de Concha Pérez-Puis

ediciones ÁMBAR

Título de la edición original: *Les tribulations d'une caissière*

Primera edición en esta colección: enero, 2009


Rambla Can Mora, 18, local 2, 08172 – Sant Cugat del Vallés (Barcelona)

Cubierta: Helena Velázquez
Ilustración de portada: Jofre Gasion

Printed in Spain
ISBN: 978-84-936627-8-3
Depósito legal: B- 50.077 – 2008

Impreso y encuadernado en Grup Balmes - Molins de Rei

*A mi hermano Gwenael:*
*me hubiese gustado compartir este libro contigo.*
*A todas y todos los que alguna vez*
*han tenido que trabajar detrás de una caja.*

Me llamo Anna, tengo veintiocho años, un título universitario de Literatura en el bolsillo y una experiencia de la vida que está entre lo peculiar y lo más normal. He trabajado durante ocho años en un supermercado, al principio para pagarme los estudios y tratar de independizarme económicamente, pero luego, como no encontraba un empleo en lo mío, no tuve más remedio que continuar hasta convertirme en eso que se llama azafata de caja.

No es que las cajas tengan mucha conversación, la verdad, más allá de los pitidos que emiten cada vez que se escanea el código de barras de un artículo. A fuerza de escuchar tan dulce ruidito, no me hubiese costado gran cosa acabar convirtiéndome yo también en un robot. Por otro lado, el fugaz contacto con los clientes tampoco es que ayude mucho a que una se sienta del todo viva. Por suerte, siempre queda la relación con las compañeras de trabajo, que es lo que hace que no olvidemos nuestra pertenencia al género humano.

Por alguna razón, un buen día se me ocurrió que a lo mejor podía contar cómo era mi trabajo e ir anotando hasta el más mínimo detalle de lo que constituye el día a día de una cajera vulgar y corriente. A partir de ese momento empecé a observar con otros ojos a la gente que desfilaba ante las cajas, a ver desde otra perspectiva el universo de la gran distribución, y acabé descubriendo un mundo infinitamente más variado de lo que yo creía.

En cuanto a los clientes, los hay que son fáciles y otros que no lo son tanto, están los ricos y los pobres, los acomplejados y los vanidosos, los que te tratan como si fueras transparente y los que te dan los buenos días, los pelmas que patalean a la espera de que se abra la tienda y los que no se van ni aunque se esté cerrando. Los hay que van de ligones y también hay a los que les da por insultar. ¿Quién ha dicho que en la vida de una cajera nunca pasa nada?

A fuerza de vivir estas situaciones acabé sintiendo la necesidad de compartirlas.

He aquí, pues, algunas de estas historias, las que más se me han quedado grabadas.

Bien. Pues ya es hora de ir a por el carrito y de entrar en el supermercado. ¡Que se abren las puertas!

¡Hala! ¡A disfrutar!

# 1

## Bienvenida al gran reparto: el trabajo de tu vida

¡Felicidades! Al fin has conseguido una entrevista de trabajo y te han contratado.

Bienvenida a la maravillosa familia del gran reparto. Ya eres una cajera. Oh, perdón, ¡azafata de caja! ¿A que de repente te sientes más sexy? La entrevista de trabajo apenas habrá durado unos minutos: el tiempo que se tarda en repetir lo que ya hay en tu currículo y de pedirte el número de cuenta bancaria.

¿Qué esperabas?

¿Pruebas psicotécnicas? ¿Un poco de cálculo mental?

¿Para qué?

¿Ni siquiera una prueba grafológica?

A ver, ¡que vas para cajera, no para notaria!

Es tu primer día...

... y ya tienes que ser rentable a la empresa. No hay tiempo que perder. Ya irás aprendiendo sobre la marcha.

Que no cunda el pánico. Una «antigua» te tomará bajo su protección durante, como mínimo, un cuarto de hora...

o una mañana entera si tienes mucha suerte... o incluso dos días si la responsable es simpática (os juro que todavía las hay). No hay ninguna regla.

Se empieza con una ruta por la tienda, pero deprisita, que hay mucho que hacer. Vas a descubrir dónde están los vestuarios, la sala de descanso y el desguace o, mejor dicho, el vertedero, que es el lugar a donde van a parar los artículos invendibles, un sitio que visitarás a menudo. Luego te llevan a la caja central, que es donde te entregarán el cajón con el dinero, y... y esto es todo.

Con esto sabes de la tienda todo lo que necesitas para ponerte a currar. ¿Y cómo descubrir cuál es tu puesto de trabajo? Todo llegará. Tendrás tus ratitos de descanso, y eso amenizará de forma divertida esas pausas siempre tan instructivas.

La primera vez que atravieses la línea de caja con tu soberbio uniforme de Dior o Chanel o con tu blusa supercutre (todo depende del estilo de la tienda o de la clase de clientela que tenga), y con tu caja de cambio llena de pasta (el equivalente a varios días de tu sueldo, nada menos), es bastante probable que te sientas intimidada.

Respira hondo, se te pasará enseguida.

Ahora ya está. Has localizado tu caja, has colocado en su sitio el cajón del cambio, estás instalada, concentrada, supermotivada, tienes a la «antigua» a tu lado, tus orejas están bien abiertas. Ya estás lista para ponerte a trabajar. Ya era hora.

Estas son algunas de las cosas más importantes que debes recordar: escanear los artículos (echando una breve ojeada para asegurarte de que no aparezca marcado un precio aberrante), sumar el total, comunicarle la cantidad al comprador, pedirle su tarjeta de cliente, aceptar la forma de pago, devolver el cambio, pedir el DNI si pagan con tarjeta y darle el cambio con el tique de caja, por supuesto. Acto seguido: «*Adiósybuenosdías*», y al siguiente cliente. ¿Repetimos?

Al principio parece que todo esto va deprisa, demasiado deprisa. Sobre todo si el primer día de trabajo es de esos en los que hay mucha gente. Sin embargo, de repente tus movimientos se automatizarán y dejarás de prestar atención a lo que haces. Bastará un solo mes para que acabes teniendo la sensación de que tú y la caja sois una única cosa.

Te ha parecido que apenas ha pasado el tiempo, cuando de repente ves que la «antigua» ya no te da apenas consejos. Es sencillo. Estás a punto de convertirte en una experta en el arte de escanear artículos a cien por hora y devolver el cambio en un segundo.

¡Bravo!

Y es que este curro no tiene nada de misterioso...

Basta con aprenderse unos pocos movimientos, y lo demás viene rodado.

Tan sencillo, en efecto, que la «antigua» ya te ha dejado sola al mando. Puedes comenzar a pasar los primeros artículos de tu vida. ¡Guay! ¡Cómo mola!

Bueno, bueno. Aparte de los pitidos del escáner, la cosa tampoco es para tanto... Menos mal que tienes el contacto humano con el cliente (pero paciencia, que de eso ya hablaremos a fondo en otros capítulos).

Ah sí, se me olvidaba. No es fácil, pero la cosa tiene su gracia. Hay que aprenderse de memoria los códigos de todos los artículos que se venden por unidades: el limón, la lechuga, el tomillo, las alcachofas, etc. Pero sin agobiarse, que si tienes un lapsus siempre puedes echar mano de la chuleta que hay encima de la caja. Y además están las colegas, Isabel, Nadia, María, Nicole..., que nunca se encuentran muy lejos. Pero eso sí, lo que no puedes olvidar jamás son sus nombres, cosa que resulta algo difícil teniendo en cuenta que trabajas con otras cien colegas.

Por fin termina tu primera jornada... Se van los últimos clientes y se cierra la tienda.

A ver, ¿cuáles han sido tus primeras impresiones? ¿A que no está tan mal el trabajo? Vas pasando montones de artículos por el escáner (y descubres de paso que hay muchísimas cosas cuya utilidad e incluso cuya existencia desconocías), y charlas con mucha gente, conoces a colegas simpatiquísimas, oyes música toda la jornada y encima no pasas frío.

Un trabajo de ensueño.

Bueno, casi.

Habrá que volver a trabajar mañana, y pasado mañana, y el otro también. Y cuanto más tiempo transcurra, menos ganas de levantarte tendrás para acudir al trabajo de tu vida.

Palabra.

# 2

## El Top 3 de las preguntas que pasan por caja

Atención, por favor, como obsequio de bienvenida, este supermercado le ofrece en exclusiva el Top 3 de las preguntas preferidas de los clientes. A saber:

- ¿Dónde está el lavabo?
- ¿Me das una bolsa?
- ¿Estás abierta?

Fuera de su contexto, no es que haya nada malo en ellas, pero agárrate cuando las oigas. Al final de la jornada de trabajo puede que estas preguntas te provoquen unas ganas irresistibles de estrangular a alguien (o de chillar, si eres una cajera muy paciente). A la vista están los resultados.

*La pregunta más urgente: «¿Dónde está el lavabo?»*

El cliente (llegando a la carrera y por lo general bastante nervioso):

—¿El lavabo?

La cajera (tratando de olvidar por un instante que está hablando con otro cliente):
—¡Buenos días!

El cliente (como si no hubiese oído nada):
—...

La cajera (soltando un enorme suspiro... por supuesto, para sus adentros):
—Por allí.

Y la pobrecilla señala con su dedito hacia el enorme y llamativo cartel de «Servicios», justo delante de las cajas. Y el cliente que de pronto desaparece sin pronunciar un simple «gracias», un «hasta luego», o ni siquiera un «mierda». No falla.

Será que es demasiado largo de pronunciar cuando la necesidad aprieta...

*La pregunta más agresiva: «¿Me das una bolsa?»*

Una de las grandes revoluciones de principios de este siglo ha sido la desaparición de las bolsas de plástico que hasta no hace mucho los supermercados ofrecían gratis a sus clientes. Y esto ha molestado a más de uno. Sobre todo al principio.

El razonamiento de los clientes era el siguiente: «Si la tienda no te las regala, seguro que te las vende, con lo que ganan todavía más pasta.» Incluso yo misma lo he pensado por lo bajini. Pero también me he quedado con las ganas de contestarles: «Hay que pensar en el mañana y en todos esos paisajes tan bonitos y sin contaminación. ¿No es mejor un mar en el que no floten bolsas de plástico?»

En la actualidad, su desaparición ya es casi un hecho. Apenas queda aquel prototipo de cliente encolerizado por la falta de bolsas que dejaba el carrito hasta los topes en la caja y se largaba (sí, sí, lo dejaba tirado ahí en medio). Sin embargo, todavía se pueden vivir este otro tipo de escenas:

La cajera (después de pasar por el escáner los tres artículos del cliente):

—Son 2,56 euros.

Y el cliente que paga con tarjeta (por supuesto, no lleva suelto encima, y ahora anda despistado buscando bolsas donde meter sus tomates embalados, su lechuga embalada, y sus manzanas también embaladas):

—¿Y las bolsas? ¿Es que no hay?

La cajera (por trigésima vez en menos de dos horas):

—Como ya sabe en los supermercados ahora no se dan bolsas de plástico. Si quiere puede comprar bolsas reciclables o de papel a 15 céntimos, que se le devolverán cuando nos traiga de nuevo la bolsa.

El cliente (furioso y con los ojos inyectados en sangre):

—¿Y ahora me lo dices?

La cajera (soltando un gran suspiro, siempre para sus adentros):

—Lo siento, pero es que ya hace unos cuantos meses que se han dejado de dar las bolsas de plástico. —Sonriendo amablemente—. ¿Por qué no lo lleva en la mano? Total, todo lo que ha comprado está embalado en celofán.

Más furioso aún, el cliente coge sus manzanas, su lechuga... y se larga dejando los tomates. No es un despiste, lo ha hecho porque solo tiene dos manos.

*La pregunta más desesperante: «¿Estás abierta?»*

¿Quieres ser la cajera más educada, la más guay, la más perfecta? Bien, estás en tu derecho y me parece algo digno de elogio (pero no olvides cuánto te están pagando). Pero eso sí, prométeme que jamás vas a permitir que nadie te confunda con tu caja. Eres un ser humano, y no un *biiip*. Los clientes se creen con derecho a todo, y no es así. Ahí van algunas sugerencias:

El cliente:
—¿Estás abierta?

La cajera educada:
—Yo no, pero mi caja sí.

La cajera sarcástica:
—¡¡¡*Biiip*!!!

Cuando el/la cliente/a es muy mono/a:
—Pues no sé, ¿quiere que lo comprobemos?

La cajera con la mejor de sus sonrisas:

—¿Y usted?

No garantizo nada.

Notarás que ciertos clientes lanzarán variantes de las mismas preguntas:

- ¿Estás cerrada?
- ¿Está abierta la caja?
- ¿Eres una caja?
- ¿Me puedo poner contigo?

Y que cada cual interprete lo que quiera...

# 3

# Desfile de alta costura

¿Eres presumida y detestas los uniformes? Siento comunicarte que las cajeras, incluso estando detrás de su caja, han de poder reconocerse inmediatamente por el cliente como lo que son: unas cajeras. Por eso, para evitar confusiones innecesarias, se inventó el uniforme de trabajo obligatorio. Por otro lado, hay que reconocer que sin él no sería posible sentirse parte de esta gran familia, esa que tanto te iden tifica y para la cual trabajas. Es indispensable para dar lo mejor de ti misma.

Descubre las diversas colecciones primavera-verano-otoño-invierno que te esperan.

## *Modelito pseudoglamuroso*

Consta de traje de chaqueta (por lo general azul marino) y pañuelo estampado de flores (que tiene que sobresalir con estilo del bolsillito de la chaqueta). Mocasines a juego con la blusa (por lo general blanca) y que habrás de comprar tú misma. ¿Que sueñas con hacerte azafata de vuelo? Pues con este modelito verás tus deseos más que satisfechos. Aunque... ¿te importa que sea de *low cost*? Y también te podrá servir para cuando tengas que ir a una primera comunión, a la boda de tu prima o a una entrega de premios (táchese lo que no proceda). ¿Lo ves? ¿A que este mundo es perfecto?

Y, ojo, cuando te hayas puesto el uniforme procura no hacer gestos demasiado bruscos porque las costuras (*made in China*) son frágiles y no están demasiado bien rematadas.

*Modelo estilo abuela*

¿Verdad que no tenías qué ponerte para bajar las basuras al contenedor? Pues ahora ya sí, gracias a este maravilloso chaleco a juego con falda o pantalón de pinza negro talla XXL. Aunque no tengas más de veinte años, cuidadito con los gerontófilos. En cambio, con los clientes de menos de setenta no hay problema. Y no te olvides del jersey de punto para completar toda esta parafernalia.

No hay más que ver la fila de caja: el super clan de las abuelitas.

*Modelito granjera*

Está formado por un blusón talla XXL (que va del azul cielo pastel al rosa cerdito feliz), con botones a presión. Aunque no estés embarazada, la gente tendrá la impresión de que ya estás de ocho meses (o, si eres un chico, que tienes un grave problema de obesidad). Impermeable a todo tipo de manchas, incluso se puede utilizar en caso de lluvia.

*Modelito payaso*

Chaqueta rojo chillón + blusa camisera con estampado de flores gigantes verde caca + pantalón abombado de color indefinido. Igualita que el payaso de MacDonalds, solo te falta la nariz roja para divertir al personal. No correrás el riesgo de que los clientes te peguen. Eso sí, disuade a tus amigos de que te vengan a ver. Te arriesgas a que sigan hablando del tema hasta más allá de lo soportable.

*Modelito estilo «barato»*

Polo, chaleco sin mangas o camiseta (*made in Taiwan*) para todos los empleados, y de un color tirando al del logo de la empresa (antes de lavar). Supone un importante ahorro para esta clase de supermercados. Cruzarás los dedos para que te contraten en uno de ellos. A fin de cuentas, con uno de estos uniformes «barato» harás muchísimo menos el ridículo (aunque no he dicho que vistas correctamente). Además, el sentimiento de pertenecer a una gran familia no será mucho más fuerte.

Para acabar con este desfile, también debes saber que, según el momento del año en que llegues, sobre todo de mal tiempo, a lo mejor no te queda más remedio que mezclar los géneros y acabar llevando un modelo de «pseudo-glamuroso a lo payaso», de «abuela a la granjera» o de «payaso-abuela»... Sí, irresistible.

En todo caso, yo no me miraría demasiado en los espejos del supermercado a no ser que quieras caer en una depresión o verte obligada a reprimir las carcajadas delante de los clientes.

# 4

## Cómo hacer caja
## (o en busca de la moneda perdida)

Son las nueve y cinco minutos de la noche. Hoy ha sido tu primera jornada completa de verdad. Acabas de cobrar al último cliente, el que hace el número 289. Has encadenado ocho horas seguidas en la caja, con tan solo dos pausas de quince minutos. Vaya, que estás hecha polvo. Solo sueñas con una cosa: meterte en la cama y dormir a pierna suelta hasta las seis de la mañana.

¡Pero, eh! ¡Despierta! ¡Que la jornada no ha terminado aún!

Te falta rematar el trabajo: limpiar tu puesto (¿o te habías creído que iba a hacerlo por ti la señora de la limpieza?) y hacer caja (no me digas que pensabas que te pagaban por no hacer nada...). Y considérate afortunada, porque por lo menos no te toca a ti fregar los anaqueles.

Hala, venga. Agarra tu cajón y vete a la caja central.

¿Has encontrado un sitio al lado de tus colegas? ¿También lápiz y papel? No bosteces que todavía no has terminado de trabajar. Empieza por contar tus monedas, después tus billetes y finalmente tus cartuchos de monedas (digo «tus», pero evidentemente no son tuyas para nada) o viceversa, tienes aún el derecho de escoger. No te distraigas con el chismorreo, ni con las puertas que se abren y se cierran, ni con el tintineo de las monedas. Concéntrate, o si no tendrás tiempo de arrepentirte disfrutando de la gozada que supone tener que recontarlo todo una y otra vez.

¿Cómo? ¿Te parece que no hay suficiente luz? En vez de refunfuñar, piensa que es una luz tamizada que ayuda a descansar la vista después de la cegadora que hay en todo el supermercado.

*Al cabo de quince minutos...*

Ya está. Has contado escrupulosamente cuántas monedas de 1, 2, 5, 10, 20 y 50 céntimos, y cuántas de 1 y 2 euros. Cuántos billetes de 5, 10, 20, 50, 100 y 200 euros. Cuántos cartuchos... Pero con calma, eh, con calma. Tienes en tus manos una pequeña fortuna, es cierto. Pero no pienses en eso. Piensa más bien en tu sueldo a fin de mes. Eso te ayudará a poner los pies en el suelo...

Súmalo todo, y después réstalo del dinero que había en tu cajón. Te quedan los 150 euros en efectivo que son los que había al inicio de tu jornada laboral.

—A ver, la 173, ¿cuánto tienes? ¿173? ¡Sí, tú, la 173!

—¡Tengo un nombre!

—Sí, ya lo sabemos, pero es más rápido así. Venga, ¿la 173?

—3.678,65 euros.

—Vuelve a contar, 173, ¡te has equivocado! Mira que te he avisado. Es que no te concentras...

—¿Me he equivocado por mucho? ¿Por poco? ¿Falta dinero? ¿Sobra?

—Únicamente se te pide que vuelvas a contar.

*Diez minutos más tarde...*

—¡3.678,15 euros!

—Vale. Antes de irte, comprueba los tiques y ordena los vales de descuento. A ver si te has creído que somos tus chachas.

Son las 21 h 35. Te cambias de blusa en el vestuario y te quedan cinco escasos minutos si no quieres perder el autobús. Buenas noches y que tengas felices sueños (llenos de *biiips*, de *Adiósybuenosdías...* ¡o de nada!).

# 5

# La entrevista de trabajo

Ha habido una omisión de información por mi parte que podría ser fatal para tu entrevista de trabajo. Permíteme corregir este error de manera inmediata. Te explico: que no hayas trabajado en tu vida no es grave, ni tampoco lo es que no sepas contar, que padezcas agorafobia o que le tengas miedo al color negro. Lo que importa de verdad es que estés disponible al instante, que aceptes el miserable salario que te ofrecen, que tengas un número de cuenta bancaria y que seas capaz de contestar a esta pregunta:

¿Por qué quiere trabajar con nosotros?

Pues sí, incluso para ser cajera hay que tener buenos motivos.

Ahí va una lluvia de respuestas para que os inspiréis:

—¡Porque siempre había soñado con trabajar en un supermercado!

(Si pretendes que te crean, tendrás que decirlo con una convicción fuera de toda duda y haciendo, a la vez, que te brillen los ojos de éxtasis. No es nada fácil.)

—¡Porque mi madre también fue cajera!

(Aquí vale el mismo comentario que para la respuesta anterior.)

—Porque en el cartel de la entrada pone Campeón/Gigante/Los Mosqueteros..., ¡¡¡y yo quiero ser una campeona, una gigante, una mosquetera!!!

(Extraordinario, sin duda, porque esta clase de espíritu ganador les encanta. Así que, adelante. Pero échale un poco de sentido común, que no todos los nombres sirven para esto: «yo quiero ser una Super Plus...». Sí, hombre, con alas.)

—Soy estudiante. Necesito un empleo a tiempo parcial para pagarme los estudios.

(Esta respuesta es un clásico, y sin embargo suele ser la más convincente. A los jefes de personal les gusta más los estudiantes porque protestan menos que los viejos y están dispuestos a currar el fin de semana. Precisamente por eso, esta es una respuesta difícil de mejorar. Además, tanto da si no estás estudiando, con tal de que seas lo bastante joven como para parecer que aún estudias. De todas formas, hasta los treinta o treinta y cinco años, no deberías tener muchos problemas.)

—Necesito un trabajo para vivir.

(Respuesta muy desaconsejada. Aunque sea la verdad,

el jefe de personal te encontrará «poco motivada» y pensará que careces de «espíritu de equipo», que eres «inadecuada de cara a la ambición comercial de la empresa», razón por la cual corres el riesgo de que ponga tu candidatura debajo de la pila... enorme, por cierto.)

Pero no faltan respuestas que encantarán al jefe de personal. Para encontrar alguna, finge que en lugar de aspirar a cajera en el fondo lo que quieres es convertirte en notario. ¡Échale fantasía, anda!

# 6

# Estadísticamente tuya

Reflexiones para llegar a ser una cajera perfecta:

- En Francia hay 170.000 cajeras, perdón, azafatas de caja. (¡Qué gran familia, oye!)
- Una cajera registra de 15 a 20 artículos cada minuto. Este promedio puede ascender hasta los 45 en los supermercados especializados en descuentos, en cuyo caso la cajera está obligada a pasar la compra sin ningún miramiento. Y si se producen desperfectos, mala suerte. El cliente no cobra por su rendimiento, y si no sabe pasarte los artículos a velocidad de vértigo, allá él. La cajera tampoco cobra más por trabajar a esa velocidad...
- Una cajera llega a registrar de 700 a 800 artículos por hora.
- Y de 21.000 a 24.000 artículos por semana.
- Cada hora, una cajera levanta 800 kilos de artículos (y supera incluso la tonelada por hora los días en que hay mucho movimiento).

- Semanalmente una cajera ha de levantar de 96 a 120 toneladas (¡no está nada mal, eso equivale a cuatro camiones de gran tonelaje!).
- ¿Y anualmente? Coge la calculadora (esa que el supermercado no te proporciona).

Solo por eso, ¿debería tener aspecto de chica musculosa? En absoluto, a veces incluso tengo la impresión de haber cumplido ya los setenta años.

Cada semana, podrás descubrir, en el cuadrante donde aparece la clasificación de las cajeras más rentables, si eres una liebre o más bien una tortuga. No te vuelvas loca. La ganadora no obtiene ni la más mínima recompensa (ni una lata de tomate triturado). Eso sí, tus padres o tus hijos se sentirán orgullosísimos de ti.

De promedio, cada día dices:

- 250 «Buenos días.»
- 250 «Adiósybuenosdías.»
- 500 «Gracias.»
- 200 «¿Tarjeta cliente?»
- 70 «Marque su pin, por favor.»
- 70 «Ya puede sacar la tarjeta.»
- 30 «¿Los servicios? Es por allí.»
- ... y otras muchas frases igualmente poéticas.

¿Tú, un robot? ¡Para nada! Los robots no sonríen.

- 850 euros netos: el salario que cobras a fin de mes.

• 30 horas de trabajo por semana (o 26, 24, 20, pero casi nunca 35).

Te voy a tranquilizar enseguida: Aunque te sobren horas, no busques un segundo empleo a tiempo parcial. La dirección de la empresa te reserva planificaciones que cambian cada semana. Por suerte, siempre te queda la posibilidad de hacer trabajos de limpieza de 5 h a 8 h de la mañana, en edificios de oficinas, o bien planchar a domicilio. ¿No querías una vida familiar (o más bien ordenada)? Tú escogiste el trabajo ideal...

Ejemplo de semana laboral de 30 horas:

Lunes: de 9 a 14.30 (horas de trabajo: 5 horas y 30 minutos; pausa de 16 minutos).

Martes: Descanso

Miércoles: de 15 a 20.45 (trabajo: 5 horas 45 minutos; pausa de 17 minutos).

Jueves: de 13.45 a 17.15 (trabajo: 3 horas 15 minutos; pausa de 9 minutos).

Viernes: de 15.15 a 21 horas (trabajo: 9 horas 45 minutos; pausas de 12 minutos + 17 minutos).

¿Y qué horarios tendrás la semana siguiente? Puedes estar segura de que serán completamente diferentes.

• Conocerás tu *planing* con quince días de antelación, incluso con tres semanas, si la persona encargada de organizar los horarios es diligente, o con 24 horas de antelación si hay varias bajas en caja.

• El número máximo de horas seguidas que te harán

pasar en la caja es de 6.15 (eso al menos en teoría; hay sitios en donde se aplica otra clase de reglas).

• 3 minutos de pausa por hora trabajada (si quieres conseguir 18 minutos para comer, tienes que haber trabajado al menos 6 horas). Olvídate del buen plato de comida caliente y de los *sufflés* de queso.

Aquí tienes, resumido en algunas cifras, el trabajo de tu vida... ¿Soñabas algo así? Las grandes superficies te lo conceden.

# 7

## No cuelgues, ¡estoy en la caja!

Ah, el teléfono móvil, qué invento tan maravilloso... Es alucinante todo lo que se puede hacer con ellos: escuchar música, ver la tele, enviar e-mails, seguir las cotizaciones de la bolsa... De paso hasta se puede hablar por teléfono cuando quieras y donde quieras. Pero eso no es todo. Los hay que incluso te pueden convertir en hombre (o mujer) invisible. Y no son forzosamente los más caros.

Vaya por delante que la categoría de cajera facilita enormemente esta operación que acabamos de citar.

Cliente (al teléfono, gritando como si estuviera solo en el mundo):

—¡Pero si ya estoy en la caja! ¿No podías haber dicho antes que querías plátanos?

Cajera (gritando para recordar al cliente que no está en su casa, sino delante de ella):

—¡Buenos días, señor!

Cliente (incuestionablemente en su casa):

—¿Esta noche? Pero ¿y tus náuseas?, ¿ya se te han pasado?

Cajera (que ha sido superrápida para que él vuelva a casa enseguida):

—Son 13,50 euros, por favor, señor.

Cliente (recogiendo sus compras con una mano y sin apresurarse):

—Seguro que es una gastroenteritis. Espero que no me la hayas pegado. No tengo ganas de pasarme la noche en el lavabo.

Cajera (levantándose del asiento y aclarándose la garganta a conciencia):

—¡13,50 euros, por favor, señor!

Cliente (que ha echado una vaga ojeada hacia la cajera pero que continúa tranquilamente recogiendo su compra):

—... Es que nunca me escuchas. Tienes que lavarte las manos cada vez que sales.

Cajera (apretando con fuerza los puños):

—¿Tarjeta de cliente, señor?

Cliente (sin dignarse a mirarla, y pasándole la tarjeta):

—No hace falta que chille, no estoy sordo. Qué pesada te pones cuando estás enferma.

El cliente le arranca de entre los dedos el tique a la cajera, como si fuese una máquina de cobro automático.

Cliente (alejándose con su compra y sin dejar de hablar por el móvil, a voz en grito):
—Menos mal que no todo el mundo es como tú.

Cajera (gritando... interiormente):
«¡Afortunadamente, so gilipollas!»

Y por una vez decide ahorrarse un «*Adiósybuenosdías*».
Cada uno se consuela como puede.

Pero no hay por qué quejarse. Durante unos minutos has sido la mujer invisible. ¿Verdad que se trata de una experiencia inolvidable?

Además, mírale el lado positivo, muchos clientes se van a convertir en muy, muy simpáticos.

Cliente (al móvil):
—Blablablá...

Cajera:
—Buenos días.

Cliente (mirando a la cajera):
—Hola. —Y con el mismo tono seco, bajando la mirada—: Pues como te estaba diciendo... Blablablá...

Les aseguro que es exactamente así.

Pero también es cierto que en ocasiones puedes encontrarte un espécimen muy raro:

Cliente (al móvil):
—Estoy a punto de pagar, ahora te llamo.

El cliente cuelga y cierra su móvil.

Cajera (con una sonrisa maravillosa y auténticamente sincera):
—¡Buenos días!

Cliente (con una sonrisa):
—Buenos días.

¿Quién dice que la vida no es hermosa?

Pero no te hagas muchas ilusiones, esta clase de cliente es muy, muy, muy raro. Las cajeras que se lo han cruzado, todavía siguen hablando de eso...

Ahora bien, si eres una persona especialmente susceptible y llevas ya dos años detrás de una caja (¿se puede seguir siendo susceptible después de tanto tiempo?) tal vez te gustaría vivir una escena así:

Cliente (al teléfono):
—Blablablá...

Cajera (escaneando los productos rápidamente, y hablando por su móvil con el kit de manos libres):
—Blablablá...

Cliente (mirando a la cajera):
—¿No tiene bolsas?

Cajera (sin mirar siquiera al cliente):
—No —En un tono muy seco—. Blablablá...

Pero bueno, seamos claros: ¡eso no pasa ni en sueños! Una cajera es una cajera. Y una cajera no telefonea cuando está currando. En todo caso, no hasta que un ordenador la reemplace definitivamente (algo que muchos clientes dan por sentado desde hace tiempo).

## 8

## Animemos a la clientela

Existe un oficio casi tan envidiable como el de cajera: el de animador de grandes superficies. El desembarco de este espécimen raro se puede ver en ocasiones muy especiales: el Día de la Madre, el Día de la Abuela, el Día del Jardín, el de las Plantas de Interior, el de la Primavera, el del Verano, el del Invierno, el del Vino Tinto, el del Vino Blanco, el de la Morcilla, el del Queso Extremeño, el de la Angula del Norte... Ya se sabe, cualquier ocasión es buena para montar una juerga. Y esos días lamentarás no ser un cliente. La de promos y regalos que te vas a perder...

Te bastará un solo día para darte cuenta de que ser un buen animador de supermercado no está al alcance de cualquiera.

Hace falta tener buena voz (bueno, con tenerla es suficiente) y mucha, mucha resistencia. El animador de una gran superficie es capaz de hablar sin micro todo el día y casi sin parar (algo por lo que seguramente también acabarías detestándolo).

Además, un animador tiene que saber ser convincente.

El animador, o animadora (micro en mano):

—¡Increíble, maravilloso, genial! ¡Promoción en exclusiva! ¡Compre dos salchichas y le regalamos la tercera! ¡Un descuento excepcional para disfrutar en familia de una maravillosa barbacoa!

Hay que tener también un talento de poeta.

El animador:

—... ¡Ah, una barbacoa en familia! ¿Hay algo más bonito que una barbacoa en familia? ¡Qué conmovedor! No lo olviden, mañana es el Día de la Madre. ¡Regálale a tu madre algo que la emocione! ¡Y todo por 2,45 euros solamente!

El animador debe tener olfato para viajar.

El animador:

—Ahora mismo me encuentro en la sección de panadería; acérquense y disfruten con la degustación de la mejor repostería preparada amorosamente por nuestros artesanos: Los pestiños, los tocinitos de cielo, las tortas de anís y muchas especialidades más.

Además, tendrá que ser bastante más simpático que los presentadores de esos programas de televisión tipo «La ruleta de la fortuna» o «Saber y ganar» (de hecho, más de uno ya se cree que es uno de ellos).

El animador (dirigiéndose a una clienta):

—Atención, señora. ¿Cuál es la capital de Gran Bretaña? ¿Londres, Berlín, París...? Si acierta, señora, se lleva usted de premio este maravilloso, este fantástico, este magnífico barómetro...

Cliente:

—Vaya, pues no lo sé...

Animador:

—¿Quiere utilizar el comodín del público? (riendo mucho y demostrando su enorme sentido del humor):

Cliente:

—Hum, pues sí.

Animador:

—Vamos allá. Yo haré de público. Le doy una pista: Empieza por «ele».

Cliente:

—¡Lourdes!

Animador (francamente sorprendido):

—Hum... No. Es Londres. Pero no se preocupe usted, señora. Mañana es el Día de la Madre, así que ¡ha ganado usted este magnífico, maravilloso y fantástico ramo de flores!

Los animadores han de tener muchos recursos.

Animador (micro en mano):

—Juanito ha perdido a su papá y a su mamá. Por favor, que acudan lo antes posible a la sección de comida para mascotas. ¡El niño se está haciendo pis encima!

¿Lo ves? Para animador de supermercado no sirve cualquiera. Te aseguro que más de una vez hasta sentirás cierta admiración por ellos y la capacidad que tienen de meterse a la gente en el bolsillo con tan pocos medios. ¡Hay que ser un auténtico artista circense, un mago de la pista para conseguirlo!

Saluda con el sombrero y cierra el micro.

# 9

# Guardar tanda

¿Hacer cola? Una verdadera fobia para más de uno. ¿Cómo va a poder zafarse una de hacer cola tanto si está en el supermercado como en la oficina de correos? Pues gracias a estratagemas sutiles y delicadas. He aquí algunas de ellas:

*Táctica número 1*

Cliente astuto (llega corriendo con cuatro artículos en la mano):

—¿Está abierta?

Cajera:

—Yo no, pero mi caja sí. ¡Buenos días!

Cliente astuto:

—¡Fenomenal!

La cajera escanea los artículos.

Cajera:
—Son 5,45 euros, por favor.

Cliente astuto:
—Un segundito. Mi pareja ha olvidado una cosilla. Ahora viene.

Sí, ahora viene, pero al cabo de cinco minutos no hay ninguna pareja a la vista y hay a un montón de clientes esperando detrás de él.

Cajera (que empieza a notar la tensión creciente):
—¿Le pongo en espera?

Cliente astuto (que no nota ninguna tensión, pero a quien la sugerencia le ofende):
—¡Que ahora mismo llega, hombre! ¿No puede esperar un segundo?

Y tiene razón. En ese momento la cajera la ve llegar con... ¡dos cestos llenos hasta los topes!

Cliente siguiente al cliente astuto:
—¡Pero qué cara más dura!

La cajera piensa lo mismo, pero siempre para sus adentros.

Cliente astuto:
—Lo siento, señor. ¡Pero yo he hecho cola como todo el mundo!

*Táctica número 2*

La clienta astuta llega corriendo, empujando el carrito, y se pone a vaciarlo en la cinta.

Cajera:
—Buenos días.

Pero la clienta, la muy picarona, ya ha desaparecido dejando su carrito medio lleno. La cajera deduce que la clienta regresará enseguida y empieza a escanear los artículos que ha puesto sobre la cinta. Llega otro cliente.

Cajera (en tono tranquilizador):
—Buenos días. Hay una persona delante de usted que volverá enseguida.

El cliente suspira. Pasa el tiempo. Dos minutos más tarde la «persona» aún no ha llegado.

Cliente (demostrando su fastidio):
—Tengo otras cosas que hacer, ¿sabes?

Cajera (fastidiada):
—No, no. Si vuelve enseguida, se lo prometo.

Otros dos minutos más tarde. La desaparecida sigue sin llegar.

Cliente (en tono agresivo):
—Bueno, ¡Ya está bien! ¿No?

Cajera (más que fastidiada):
—Lo siento.

Cliente:
—Y encima lo siente. ¡Será imbécil! Me iré a otra caja.

El cliente cambia de caja y la señora astuta regresa tranquilamente con un montón de cosas en los brazos.

Cliente astuta:
—Vaya, hombre. Si llego a saber que no tenías cola, no me doy tanta prisa.

*Táctica número 3*

La cajera no está atendiendo a nadie y hace una señal a una clienta de edad avanzada que está esperando en una caja para que venga. La señora se acerca tan rápido como sus piernas se lo permiten y, entonces, cuando le falta menos de un metro llega un hombre a toda velocidad y se cuela con su carrito. Antes de que nadie pueda reaccionar, sus productos ya están en la cinta.

Cajera:
—Buenos días, señor. Perdone, pero la señora estaba delante.

Cliente astuto (sin dignarse a volver la vista hacia la señora en cuestión):
—¿Estás de broma? Anda, date prisa, que tengo mucho que hacer.

La señora mayor hace una seña a la cajera para que no insista. ¡Qué pena!

*Táctica número 4*

Después de haber cobrado a un par de clientes, la cajera se encuentra con un carro vacío y sin propietario. Otros cinco clientes esperan detrás de él.

Cajera (dirigiéndose al cliente situado después del carrito vacío):
—Pase delante, por favor.

Cuando le llega el turno al tercero de la cola, aparece el cliente superastuto con un par de cestas a tope, y se cuela por delante del tercero sin miramientos.

Tercer cliente:
—¡Eh, oiga! ¡Yo estaba delante!

Cliente superastuto (levantando el carrito vacío):
—¡Usted perdone pero el que estaba delante era yo!

Si el tercero de la cola decide que no va a dejarlo pasar, el tono de la discusión subirá rápidamente, lloverán los insultos y estallará la trifulca.

La verdad es que el cliente súper superastuto tiene tan mala uva que hay que ser un verdadero santo para no perder la calma.

La cajera, en primera fila, cuenta los puntos y se aparta un poco.

Aconsejo a todos los clientes astutos o superastutos que hagan la compra por internet. Se cansarán menos a la hora de tomar a los demás por gilip...

# 10

## Picoteo de enamorados

A ver. ¿Quién ha dicho que un supermercado no es precisamente uno de los lugares más afrodisíacos del mundo? De eso nada.

Anímate, hombre, que este es un lugar mucho más erótico de lo que suele creerse. Te sorprendería saber la cantidad de besos que se roban en los pasillos (incluido el del papel higiénico), de las miradas lánguidas que se cruzan en el *stand* de la charcutería y el de la pescadería, de las manos que agarran nalgas justo delante de los congelados, de los pechos que reciben caricias (o atenciones parecidas) en la sección de lencería femenina, o de las conversaciones románticas y apasionadas que se producen ante el mostrador de los quesos. Y conste que las riñas conyugales tampoco son raras...

¿Y por qué? Pues porque posiblemente toda esta profusión de productos al alcance de la mano excita los sentidos.

Yo misma tuve la oportunidad de presenciar en directo una escenita emocional de lo más ardiente.

La jornada está a punto de acabarse, queda poca gente y no hay nadie en mi caja (sí, sí, a veces pasa). Mi mirada se pasea (que sí, que ya lo sé: la caja no se limpia sola) hasta detenerse en la sección de los tebeos en la que se encuentran una pareja con cuatro niños. De repente, me llama la atención la manera tan tierna en cómo se abrazan y se besan el padre y la madre, y pienso que después de cuatro hijos, eso es una maravilla.

Sola en mi caja, me pongo a soñar. Me asaltan toda clase de imágenes románticas, hasta que un ruido como el del desagüe de un lavabo me arranca de mis ensoñaciones. Mi pareja de ensueño se aproxima hacia mí besándose en la boca, con el carrito y sus cuatro hijos... ¡Qué sonidos tan románticos!

El amor, además de ciego, es sordo, me digo. Esta pareja no pierde ni un segundo. Mientras están junto a la caja, no dejan de acariciarse ni un solo instante y sin ningún pudor (el tanga de la mamá es de encaje rosa y las nalgas del papá son muy peludas). Nada de todo esto sorprende a sus hijos, que les dejan tranquilos y se ocupan de todo. Mejor eso que los típicos padres que están todo el rato discutiendo. Reconozco que enrojecí, pero es que no todos los días se desencadenan pasiones tan ardientes delante de tu caja.

Pero como azafata de este lugar afrodisíaco no hay que renunciar a que una misma despierte tal vez el deseo en otro (a pesar de que la blusa sea superfea). Prepárate para recibir maravillosas declaraciones de amor.

Cajera:
—65,78 euros, por favor. ¿Tiene tarjeta de cliente?

Cliente (un tipo lanzado):
—¿Te quieres acostar conmigo esta noche?

Habrá otros no tan directos, un poco más tímidos y también más obsesivos. Vas a verlos pasar por tu caja diecinueve veces en menos de una semana y con un solo artículo. Con la mirada gacha. Ni hola ni adiós. Empezarás a preguntarte si no será un chiflado. Pero la vigésima vez:

Cliente (muy pálido):
Esto... es que... yo... ¿Podría invitarte a tomar algo?

Si le dices que no, le romperás el corazón, pero al tuyo no le pasará nada... El frustrado enamoradizo huirá sin pedir el cambio. Mientras que tú te quedarás desangelada, perpleja ante esta inesperada situación.

¿No es una vida excitante?

¿Y el amor a primera vista? Puede ocurrir, quién sabe... Pero no olvides una cosa: eres una cajera y tu vida no es una película de Hollywood.

# 11

## Los artículos «embarazosos»

¿Cuáles son los artículos más embarazosos e intimidatorios para los clientes? De entrada, ninguno, parece (hasta que los reconoces)... Gracias a ellos, parte del carácter de cada cliente en particular sale a la luz, y las cosas que ocurren con ellos te permiten reírte a gusto (interiormente).

*El papel higiénico...*

Todo el mundo lo utiliza (aunque parece que los franceses son los mayores consumidores de Europa). Sin embargo hay clientes a los que el paquete del papel higiénico ya huele mal. En cuanto lo escaneas (no seas sádica, no finjas que el escáner no puede leer el código de barras), te lo arrancan de las manos y lo hunden en lo más profundo del carrito de la bolsa, para enseguida sepultarlo debajo de todo el resto de la compra. No respirarán hasta que «eso» haya quedado escondido. Y mientras «eso» siga asomando (porque el *pack* familiar de treinta y dos rollos es muy voluminoso) no soltarán el aire. Algunos dedicarán varios segundos a colocar «eso» de manera que no asome por ningún lado. Hay otros que buscan desesperadamente folletos publicitarios para taparlo. Todos ellos se largarán de la caja como si tuvieran fuego en el culo.

*Las compresas...*

Es obvio que la regla es, para algunas chicas (incluso algunas adolescentes), una especie de enfermedad vergonzosa. Por fortuna, el volumen de las compresas higiénicas o de las cajas de tampones es más discreto que el del papel higiénico, y desaparecen en el fondo de la bolsa de la compra en un instante. A pesar de todo, la cajera tendrá tiempo para ver cómo hay clientes que se ponen rojos como un tomate, tartamudear un «buenos días» con mucha dificultad, bajar la mirada y agitar las manos temblorosamente haciendo caer las monedas torpemente... Crees que de repente te has convertido en alguien muy importante. ¡Increíble! La cajera todavía impresiona a los clientes. Y también las hay que creen que es una prueba invencible y prefieren enviar a su marido o pareja al frente, hecho que a ellos les hace sentirse mejor. Te asombrará la cantidad de ellas que hay.

No hay ninguna razón para sorprenderse. Viendo los anuncios que denuncian sistemáticamente los malos olores de la regla o las pérdidas con la amenaza de que una va a estar en el punto de mira de todos, no es de extrañar que muchas mujeres se culpabilicen.

*Los preservativos (de todos los artículos «engorrosos», es mi favorito)*

Está, también, el cliente «escondo el preservativo y me hago el loco como si la cosa no fuera conmigo». Estos tratarán de tapar la caja de preservativos entre otras compras, y los hay que llegan al extremo de adquirir otros artículos con cajas de tamaños y colores similares a fin de disimular la presencia de ese producto tan deseado y esperan a ponerlo en la cinta en el último momento (en plan «visto y no visto»). Ojo que no lo lancen demasiado fuerte y vaya a parar a la cinta de la caja de al lado, delante de las narices de tu cajera vecina. En ese caso, la única solución es el exilio a América del Sur...

Hay clientes que ponen cara de «me río yo de los condones». Pero se le nota que en realidad no se divierten nada.

Y luego están los «vanidosos». Todo un *show*. Con la mirada inyectada en testosterona, depositan sus dos, tres y hasta cuatro cajas de condones talla XXL en la cinta. Evidentemente no compran nada más (o si acaso el gel lubricante... se entiende) y esperan impacientes a que todos los clientes que le rodean (se diría que querrían que la gran superficie entera prestara atención al detalle) se den cuenta y les lancen miradas de admiración (sobre todo las chicas) y de celos (los tíos). Te mirarán mal si pasas sus cajas de preservativos *extralarge* demasiado deprisa, y en cambio te adorarán si te acercas al micro y pides ayuda a la encargada de la sección para que te diga el precio (aunque naturalmente has de recalcar en voz bien alta que se trata de la talla XXL).

Por supuesto, nunca quieren bolsa.

*Los DVD porno*

Los «vanidosos» exhiben los DVD porno de la misma manera que muestran a todo el mundo sus cajas de condones. Cuanto más porno duro sea el título del DVD, más lo mostrarán en público.

Hay también parejas que se escandalizan por el hecho de que no vendas (tú, precisamente, pues ya se sabe que la cajera es la responsable de todo lo que falla) porno. Últimamente ya no es casi nunca necesario excusarse por esa limitación. Hace algún tiempo que las grandes superficies han comprendido que estos productos suponen un mercado muy jugoso, y es normal que tengan también una sección especializada. Eso sí, ¡los esconden en un rincón, y en lo alto de las estanterías, lejos del alcance de los niños...!

Hay otros compradores de esta clase de películas que prefieren ser más discretos.

- Comprándolo con otras películas más «familiares» (por ejemplo, Walt Disney) y lo meten cual sándwich en el momento de pagar como si se tratara de un error, algo que se ha colado inadvertidamente. En fin, que últimamente parece que a la Cenicienta le han salido unas tetas enormes...
- Pidiendo un pañuelo de regalo por cada DVD porno que compran. Seguro que es para ofrecérselo a la esposa, en lugar de un ramo de flores... Para obsequiar a una pareja en crisis... O porque ahora ya no dan bolsas de plástico... Te morirás de ganas de preguntárselo.

Suele haber esposos que los adquieren únicamente cuando van solos a la compra, y que no pagan nunca el porno con tarjeta.

Y no quiero ni referirme a la cara que pone el cliente cuyo DVD porno tiene mal el código de barras, cuando no tienes otro remedio que acercarte al micro y decir por el altavoz: «Sección DVD, por favor, caja número 5, necesito el precio de la película *Orgía mañanera.*» En ese instante ves al cliente deseando que se lo trague la tierra.

¡Ah, cuántos recuerdos inolvidables te esperan!

# 12

# ¡Tengo hambre!

A la hora del almuerzo verás que hay clientes que aprovechan la pausa del almuerzo para hacer sus compras, pero hay otros (que a veces pueden ser los mismos) que aprovechan para almorzar en el mismo lugar. El supermercado, entonces, se convierte más bien en un *self-service*. En este sentido, debo decir que algunos clientes son un poco marranos.

Puede ser un nuevo concepto propio de la gran distribución.

Imagina que estás en tu caja y te pasa esto:

Primer cliente: está devorando su sándwich de atún y mayonesa a dos carrillos. Sonoramente (dulce eufemismo) y con la enorme boca abierta de tal modo que no te pierdes detalle del contenido (vaya, ¿dónde estará el pepinillo?). Le preguntas si no le importaría prestarte su sándwich para escanear el precio, pero tendrás que esperar a que le dé un nuevo mordisco antes de que te lo dé y te lo quite al instante. ¡Cuidado con los dedos! Paga, y para mostrarte su gratitud dice una frase incomprensible acompañada por migajas de atún y de pan que aterrizan en tu cinta. ¡Genial, vas a poder utilizar antes de lo previsto la bayeta y el líquido de limpieza! Desconfía de la mayonesa untada con mantequilla...

Segundo cliente: junto con otros artículos coloca en la cinta una bolsa de patatas fritas, que coges y cuyo contenido se cae por completo porque al cliente no le ha parecido interesante prevenirte de que ya la había abierto. En cambio, considerará necesario insultarle (esto calma muy bien los nervios) y de exigir una nueva bolsa de patatas fritas. El cliente se larga a buscarla, mientras tú te ves obligada a limpiar la caja. Te quedan las manos aceitosas, a juego con la cinta, ya de por sí muy grasienta...

Tercer cliente: Ya te has fijado en él mientras estaba en la cola hace un rato y ya has tenido una corazonada. Le has visto abrir un sobre de plástico que contiene una enorme cuña de queso en oferta y de formato familiar que ha ido devorando a mordiscos. Cuando le llega el turno, ya se lo ha acabado. Ni siquiera has tenido tiempo de asombrarte de la rapidez con la que se lo ha engullido. Te entran náuseas por el olor. Cuando el cliente se vaya, ese olor seguirá flotando a tu alrededor durante un buen rato.

Cuarto cliente: Te insulta porque quieres hacerle pagar el zumo de frutas que se ha bebido enterito y que ha dejado abandonado a pie de caja. ¡Claro, es verdad! Las cajeras somos ciegas y tontas.

Sí. Entre las 12 h y las 14 h hay que tener los nervios muy bien templados, pero consuélate pensando que los clientes que comen directamente al pie de las estanterías son más pacíficos; con esos no tendrás problemas. «Por lo menos no manchan», piensas.

¿Ha llegado tu pausa para comer? ¡Que aproveche!

## 13

## Un mundo de ofertas y oportunidades

Vaya por delante mi admiración hacia ese tipo de clienta (y, créeme, no son pocas) que compra los productos en oferta y absolutamente nada más. A lo mejor es una forma de venganza ante el hecho de que su poder adquisitivo sea cada vez más escaso y de que no les guste sentirse menos ricachona que el resto de consumidores.

Es una persona con una voluntad de hierro. Lleva una larga lista de cosas que ha de adquirir pero se ha prohibido a sí misma meter en el carro un solo artículo que no lleve alguna clase de descuento. En la sección de quesos, lo que de verdad le gustaría a la clienta en cuestión es llevarse un buen trozo de camembert, pero lo que pasa es que el único que está de oferta es el roquefort. Lo bueno del caso es que ni a ella ni a su marido les gusta especialmente el roquefort, más bien al contrario, pero deciden que tanto da si al final se lo van a comer igual, y se lleva cuatro porciones. Lo mismo ocurre con las mermeladas («llévese tres y pague dos»), cuya oferta vale solo para las de fresa, sabor que su hijo detesta profundamente. Le da igual y se lleva los tres tarros. «O de fresa, o no hay postre.»

También posee un afinado sentido de la anticipación. Para muestra un botón: la lejía de formato familiar y marca desconocida («si no está usted satisfecho, le devolvemos su dinero»). Se lleva cinco botellas de dos litros. «Seguro que la iré utilizando, al fin y al cabo en casa somos tres...» Y lo mismo con la harina («treinta puntos para su tarjeta de cliente»). Se lleva diez paquetes de un kilo. «Bueno, así ya tendré para los bizcochos de Navidad.» (Ya, mujer, pero es que estamos en enero.)

Hay que reconocerle, además, una paciencia a prueba de bomba. Cada vez que entra en el supermercado, realiza un recorrido completo y minucioso para no perderse ninguna oferta. Pero donde más paciencia debe demostrar es cuando llega a la caja. Para cada uno de los artículos reembolsables ha de exigir que le den un comprobante. Es fácil de calcular: treinta artículos con derecho a reembolso y treinta comprobantes de caja; bueno, y luego unos quince minutos de paciencia (sobre todo si paga con tarjeta de crédito, en efectivo, con tiques restaurante o alterna con alegría la forma de pago).

Cuando este abanico de ofertas llegue a TU caja, lo normal es que sientas unos momentos de vacilación, y que los aproveches para rezar pidiendo que como mínimo conozca el sistema de descuentos de tu supermercado. De lo contrario, lo que puede pasar es que después de haber escaneado los artículos (nada menos que treinta y cinco), de haberle anunciado el total (52,38 euros) y de haberle pedido su tarjeta de cliente (dos veces, porque la primera no se ha enterado), te comunique de repente: «Ah, y necesito un comprobante por cada artículo reembolsable.»

¡Tierra, trágame! ¡Hala, vuelta a empezar! Para la reina de las ofertas, lo de menos son las cebollas; lo más importante son los dichosos comprobantes, el ábrete sésamo del reembolso.

Por fortuna, las habituales de los descuentos y las ofertas suelen ir al super en las horas en que está más vacío, y les encanta comentarle a la cajera los chollos que han descubierto.

Estoy segura de que la clienta ahorradora y experta en ofertas es, además, una buena cocinera, y conoce el secreto que permite combinar las sardinas en aceite («30 puntos para su tarjeta de cliente») con las patatas fritas con sabor a queso («Gane un viaje a Eurodisney»), y el café («lleve tres, pague dos») con el tomate frito («45% gratis»)... Un día tal vez, pero combinarlo todos los días de la semana... seguro que no ha de ser fácil. En cuanto a la lata de alubias con chorizo («con vale descuento en su próxima compra»), ocho veces en un mes no está mal, pero ¿y al mes siguiente? ¿Soportará su familia dos meses seguidos de alubias con chorizo?

## 14

## La maravillosa tarjeta de cliente, tan sencilla como compleja

¿Interereses? No, hombre, no. Ninguno, o por lo menos muy bajo (a ver si te crees que te vas a hacer millonaria con ella). La tarjeta de cliente no es más que un invento (eso sí, genial) de los grandes comercios para que, en lugar de irse a la tienda de la competencia, la gente vuelva siempre a comprar a las suyas. Ante la maravillosa posibilidad de que te regalen un cerdito de peluche a cambio de 3.000 puntos (a razón de 1 punto por cada euro gastado en ese supermercado), o un juego de dardos por 5.000 puntos, o un frutero de plástico por 10.000 puntos, o 1 viaje a Eurodisney por sorteo o, si lo prefieres, un lector portátil de DVD (que a la semana de recibirlo se habrá estropeado, ya lo verás) a cambio de 90.000 puntos más 25 euros, o de recibir un cheque regalo de 5 euros únicamente canjeables por productos que estén en oferta... la verdad es que dan ganas de pelearse con uñas y dientes con quien sea para obtener la tarjeta de cliente del supermercado e ir corriendo al que esté más cerca para comprar la mayor cantidad posible de productos.

Vale, muy bien. Pero lo bueno es que todo lo dicho no es más que la punta del iceberg de la tarjeta de cliente, porque hay otras que te ofrecen ventajas verdaderamente alucinantes. Por ejemplo, hay quien da 50 céntimos por la compra de un *pack* de seis botellas de lejía, que vale 10 euros; o un descuento por un artículo con la condición de que compres otros cinco iguales y seas el titular de la tarjeta de cliente. Eso te da derecho a gastarte la cantidad ahorrada en ese mismo super, pero solo a partir del día siguiente (te juro que no dejo de asombrarme ante la sencillez de estas explicaciones). Y cómo no hablar, además, de los días de las promociones especiales, en los que los afortunados portadores de la tarjeta de cliente tendrán la oportunidad de poder comprar mucho para gastar todavía más. ¿No es fantástico?

Eso sí, que no se te olvide jamás la fecha de caducidad de tus preciosos puntos ni de los cheques regalo, porque si se te pasa la fecha tope por un despiste, perderás todas las ventajas que has ido acumulando con no pocas fatigas mes a mes, incluso año tras año, y entonces, adiós al juego de *tapers*, a las zapatillas de baño y a la sartén antiadherente con garantía para al menos tres usos...

Es admirable la facilidad (¿o debería decir desprecio?) con que los comerciales de la gran distribución toman a sus clientes por niños, como si se tratara de una tómbola, ansiosos por ganar el superpremio. Claro que, a la vista del éxito que tienen las tarjetas de cliente, hay que reconocer que la mayoría de consumidores conserva todavía en su interior un alma infantil. Por otro lado, es indudable que hoy en día resulta imprescindible tener la tarjeta, tanto si la quieres como si no. Cuantas más tengamos (qué más da cuáles sean), más sentiremos que la sociedad nos pertenece. Gracias a que hay tarjetas, las cajeras y los clientes tienen un hermoso tema de conversación («oiga, ¿y cómo funciona?», «Ah, ¿y por qué nunca me da nada?», «Aunque sea de otro súper, ¿sirve igual?», «¿Le importa mirar cuántos puntos tengo ya?»...).

Sí, la verdad es que sería una pena.

# 15

## La hora del cierre, la hora de apertura: ¡qué gran momento!

«Informamos a nuestros distinguidos clientes que la tienda cerrará sus puertas dentro de quince minutos. Les agradeceremos que se dirijan a las cajas. Les deseamos una agradable velada.»

20 horas 45 minutos: pánico generalizado. Los clientes se lanzan a la carrera. Ni un minuto que perder. Unos para aquí, otros para allá, y todos de aquí para allá a toda velocidad.

¡¡¡*Cataclonch*!!! Carritos vacíos metiéndose dentro de otros carritos vacíos.

¡¡¡*Patapúm*!!! La pirámide de cajas de bombones que se derrumba por los suelos.

Y frases como:

—¡Mierda, ya han cerrado el mostrador de los embutidos!

Y ¡*zas*! Allá van la mantequilla, la leche y los yogures lanzados al fondo del carrito... y:

—... ya compraremos mañana lo demás.

Y protestas como:

—Vaya, hombre, pero ¿por qué cierran tan pronto? Menuda pandilla de vagos.

20 horas 55 minutos: en los altavoces deja de sonar la música.

—¡Corre, corre! ¡Vamos a la caja!

No quedan más que tres cajas abiertas. Habrá que hacer varios minutos de cola.

—¡Aprovecha! ¡Todavía nos da tiempo a coger dos paquetes de pasta fresca!

21 horas: cierran las puertas.

Ya está, ha pasado el último cliente. ¡Oh, no! Ahí llega uno a la carrera y resoplando.

Comienza a reducirse la intensidad de la iluminación.

Por fin ha terminado la jornada, de verdad.

La cajera suelta un suspiro de alivio, pero casi al instante emite un grito de estupor.

¿Será posible? Eso que emerge al fondo del pasillo de la pastelería, ¿es la punta de un carrito superlleno? Pues sí. Lo empuja una pareja y van caminando con toda la tranquilidad del mundo. Además, parece que no tienen la menor intención de ir directamente hacia una de las cajas.

Bueno, pues se va a armar una buena. Un segurata les ha visto también y se dirige hacia la pareja.

¡Increíble! Es el guardia de seguridad el que está pasando apuros, ¡menuda bronca le pegan por llamarles la atención! Te llegan los gritos desde la distancia. La señora está encolerizada.

Pasan sus buenos cinco minutos y la discusión termina.

La pareja sigue los pasos del vigilante. Supones que este ha acabado ganando. Hasta que de repente, cuando ya están a unos pasos de tu caja, el marido da media vuelta y se va diciendo:

—Ya voy yo, ¿traigo algo más aparte de las madalenas?

Es evidente que para ellos el paquete de madalenas es un asunto de vida o muerte, claro. Mientras, la señora sigue empujando el carrito sin darse ninguna prisa y mirándote tranquilamente a los ojos.

Su paso por la caja es una epopeya de lentitud e improperios.

Un artículo, un insulto:

—¡Es intolerable! ¡Hacernos esto a nosotros! ¡Los mejores clientes! ¿Es que no tenemos derecho a ir a nuestro ritmo?

Otro artículo, otro insulto:

—Un poco más de calma, ¿eh? ¡Pareces tonta, oye!

Otro artículo, otro insulto.

Y llevan el carro lleno...

21 horas 25 minutos: Por fin la pareja deja tu caja atrás. Todas las luces están apagadas, menos la tuya, lo mismo que un faro combatiendo contra viento y marea.

Hace veinticinco minutos que estás haciendo una hora extra de trabajo. Una hora extra que no te van a pagar, pero que podrás recuperar el día que le dé la gana a la dirección de la tienda. Sonríe, por favor, esta misma pareja acude al supermercado un par de veces al menos cada mes, y siempre terminan a la misma hora. Ánimo, seguro que el próximo día que aparezcan con su carro lleno al final de la jornada, tú no vas a estar en la caja, amiga mía, será tu jornada de descanso, ya lo verás.

Un consejo: cómprate un *punching ball* para desahogarte.

Pero como la naturaleza es perfecta y adora las simetrías, esta pareja tiene su correspondencia en versión hora de apertura.

Al contrario que la anterior, a esta le gusta madrugar.

8 horas 25 minutos: Llega su coche al aparcamiento. Son los primeros y sonríen con una extraña satisfacción. Aparcan en el mejor sitio, justo delante de la entrada del supermercado. Primera victoria de la jornada. ¡Venga, venga, no hay tiempo que perder! Ahora hay que agenciarse el mejor carrito de la compra, que esté bien limpio por dentro, reluciente incluso, y con unas ruedas que no se atasquen.

Hora de apertura menos treinta minutos: ya se encuentran colocados en la línea de salida, con el hocico del carro de la compra clavado contra la reja metálica, que aún está cerrada. Empieza a llover y se han olvidado el paraguas. Cabe la posibilidad de esperar dentro del coche, para no mojarse, pero entonces se arriesgan a que alguien ocupe su posición privilegiada. Esperan imperturbables. Segundo triunfo de la jornada.

Hora de apertura menos quince minutos: Están empapados, pero siguen ocupando el primer puesto... por delante de otras seis personas. Otro triunfo, que vale por seis. Crece la impaciencia, la descarga de adrenalina. Rugen los motores de los bólidos de Fórmula 1. Realizan una última comprobación de los artículos que figuran en su lista de la compra. Analizan, a distancia, la ubicación de las diversas secciones, los pasillos claves. Cuando les franqueen la entrada, no deben vacilar ni un instante. ¡Vaya! Las gotas de lluvia han empezado a borrar algunas palabras de la lista. No pasa nada, se la saben de memoria.

Hora de apertura menos cinco minutos: Tu jornada de cajera está empezando. Sueltas un enorme suspiro seguido de un bostezo no menos grande. Con los ojos medio cerrados por el sueño, te sientas y metes el cajón del cambio en la caja. Lanzas una mirada furtiva a las puertas y ya les ves... hay como mínimo siete... ocho... diez... quince, los eufóricos de cada mañana. De nuevo un suspiro, enorme y prolongado.

Hora de apertura menos un minuto: La primera pareja, chorreando:

—¡No hay derecho! ¡Siempre hacen lo mismo! ¿Por qué no abrirán a la hora?

Hora H:

«Buenos días. Bienvenidos a...» el sonido del altavoz se confunde con el ruido de la reja metálica que sube enrollándose despacio. El final del mensaje de apertura es engullido por el estruendo metálico.

La pareja remojada:

—¡Vaya! ¡Por fin! —Mientras la reja sigue subiendo ruidosa, lenta, lentísimamente, agachan la cabeza y se cuelan por debajo. El guardia de seguridad les hace una señal, y les dice que esperen—. ¡Encima eso! —le replican, encolerizados.

Hora H + 30 segundos: ya está, la pareja empapada acaba de cruzar la entrada y son los primeros en lanzarse hacia la tienda. No pueden perder ni un segundo. Van derechos hacia el pasillo de la carnicería. ¡Deben de pensar que se van a acabar los filetes en un minuto!

Hora H + 4 minutos: Son los primeros clientes en tu caja. El escáner suelta el primer *biiip* de la jornada laboral. ¡Fantástico! La verdad es que esta pareja te ha impresionado. Han sido capaces de meter en su carro de la compra treinta productos en menos de cinco minutos. Lo nunca visto. Les miras, imaginas que estarán saboreando su triunfo. Pues, no. El marido, hecho un manojo de nervios, te suelta:

—¿Es que no puede ir más deprisa?

Hora H + 7 minutos: Se alejan de tu caja. ¿Te han dicho «gracias» o «adiós»? Y qué más da si lo que pasa es que no tienen tiempo. Para salir han de recorrer un largo pasillo.

Hora H + 8 minutos: la reja de la puerta de salida aún no está abierta. La pareja, enfurecida, se ha plantado delante. No puedes evitar una sonrisita de satisfacción.

Hora H + 30 minutos. La pareja ha llegado a casa. Ha guardado la compra y se ha quitado la ropa mojada. No tienen nada más que hacer en todo el día. El marido estornuda... Afuera, en la calle, ya ha dejado de llover y sale el sol.

A ver, ¿qué prefieres? ¿La pareja de la hora del cierre o la de la hora de apertura? ¿Y qué tal ración doble, una de cada en la misma jornada?

# 16

## Los clientes también son ingeniosos

Hasta ahora no es que haya dado una imagen muy digna que digamos de la clientela. Pero eso lo arreglo enseguida, no hay más que hablar de esos clientes que hacen que te partas de la risa. Agárrate a la silla, que esto tiene su gracia.

A lo largo de una jornada, escuchas de promedio:

Unas 18 veces la frase:

—¡Hola! ¡He venido a hacerte trabajar!

Otras 18 veces les contestas:

—No hace falta, ¡me encanta estar sin hacer nada!

Claro que si te sientes muy en forma, puedes ensayar una réplica más ingeniosa:

—Vaya, pues lo siento. Soy una pieza del decorado.

Otras 17 veces oirás que te sueltan:

—¡Veo que estabas esperándome!

A lo cual responderás 17 veces:

—La verdad es que sí... Ya empezaba a preocuparme al no verle venir...

Unas 15 veces te dicen:

—¿Me hará un precio especial si soy simpático?

Y 15 veces les contestarás:

—Por supuesto. ¿Qué prefiere, que le cobre el doble o el triple?

Unas 10 veces escucharás esta frase, cuando el escáner falla y no aparece el precio:

—Ah, qué bien. ¡Es gratis!

Y 10 veces contestarás:

—Sí, claro. Y todo lo que lleva en el carrito también.

Te dirán 10 veces, entregándote la tarjeta de la seguridad social como si fuese un medio de pago:

—Que lo pague el gobierno, ¿no?

Y 10 veces les contestarás:

—Desde luego, pero tendrá que darme el nombre completo y la cuenta corriente del ministro que corre con los gastos.

Y oirás 8 veces decir:

—Bueno, ahora que ya he metido todo otra vez en el carrito, ¡ya puedo irme sin pagar!

Y contestarás las 8 veces:

—Naturalmente, ¡pero tendrá que correr mucho!

Una sola vez te dirán:

—¡Qué callada está hoy!

A lo que responderás:

—Es que se me ha comido la lengua el gato.

A lo que te replicarán una vez:

—¡Será maleducada!

Una vez al día te hablarán imitando la voz de un famoso.

Una vez, sin levantar la vista del escáner, responderás:

—¿El presidente del gobierno?

Y te contestarán una vez, decepcionados:

—No, mujer, no. ¡Chiquito de la Calzada!

¡No te quejes! Al fin y al cabo estos clientes no te tratan mal y hasta se fijan en ti. Claro que no es que sea muy gratificante que te tomen por retrasada mental. Si prefieres no contestarles, entonces ofréceles por lo menos una sonrisita (aunque te arriesgues con eso a que se animen a seguir haciéndose el gracioso).

Además, todo el mundo sabe cuál es la característica esencial de una cajera.

¿Cómo que no?

¡Tu sonrisa, hombre, tu sonrisa!

# 17

## *Mens sana in corpore sano*

Señora, caballero, ¿a que está usted harto de los michelines que adornan su cuerpo? ¿Sueña en lograr que desaparezcan esas pruebas de lo mucho que regala a su estómago? ¿Le resulta complicado recuperar su peso ideal?

Que no cunda el pánico. Basta con trabajar en una caja para darse cuenta de cuál es la mejor solución. La dieta milagrosa consiste en estar al final de la cinta.

Deja que los laboratorios Cajeras Limited® te conduzcan a través de una batería completa de ejercicios que, en un tiempo récord, te devolverán el soñado bienestar, el tipo ideal.

### *Pierda peso sin llorar*

Cambiando diariamente los horarios de trabajo, y cambiándolos también cada semana, ya verás como los cambios bruscos darán buena cuenta de tus kilos de más.

Y si tienes un poco de prisa por reducir peso, sáltate alguna de las comidas. Es una fórmula infalible. Cajeras Limited® lo ha demostrado.

Solo hay un pequeño inconveniente. Hace falta una gran fuerza de voluntad en los descansos, porque en cuanto dejas la caja y llegas a la sala de reposo, la máquina de chucherías empezará a guiñarte sus ojitos intermitentes. Como en ese momento tienes el estómago vacío, esas sirenas te ofrecerán una boya para solventar el problema del mareo. Y como les hagas caso y te arrojes en sus brazos, tu fantástico plan de adelgazamiento se irá a pique. Mantén la voluntad inquebrantable, aléjate de esas máquinas diabólicas, y sigue el camino saludable que conduce al agua mineral (o del grifo) y la manzana. En tu lugar de trabajo estas son tus dos únicas compañeras y amigas de verdad.

Otro pequeño inconveniente: es posible que el ruido que hace tu estómago quiera competir con los *biiips* de la caja. Pero no importa. Bastará con que pienses que toda la culpa la tiene el estrés...

### *La gimnasia hace milagros*

Ah, benditos sean los supermercados cuyo sistema de escaneado impide que los *packs* de agua mineral permanezcan en el fondo del carrito de la compra, porque será gracias al esfuerzo suplementario que supone levantarlos y ponerlos en la cinta, que los músculos de tus brazos se tornearán de forma elegante. Vuestros bíceps, sobre todo, os agradecerán eternamente este ejercicio duro, súbito y repetido inexorablemente. ¡El ritmo, sobre todo que no falle el ritmo!

Otro pequeño inconveniente: Cajeras Limited® no ha logrado todavía encontrar una fórmula que evite que esta clase de esfuerzos acaben en una tendinitis. Algunas azafatas de caja no dejan de quejarse precisamente por esto, pero en Cajeras Limited® se sospecha que es solo una excusa para no ir a trabajar.

*¿Sueñas con unos buenos glúteos?*

Pase lo que pase, tu posición de trabajo una vez situada detrás de la caja, medio sentada, medio de pie, te obliga a trabajar los muslos y los glúteos. ¡Es genial! Pero no olvides que, para obtener un resultado todavía mejor, no hay que dudar ni un instante a la hora de levantarte y volverte a sentar treinta o cuarenta veces por hora de tu asiento. Se trata de un tipo de ejercicios totalmente compatible con tu horario de trabajo, y que proporcionará una gracia y una flexibilidad incomparables a esa parte crucial de tu cuerpo. Cajeras Limited® lo ha demostrado.

Otro pequeño inconveniente: parece ser (aunque la cosa está muy lejos de haberse podido demostrar) que esta clase de ejercicios repetidos puede provocar diversas dolencias de espalda. Algunas de las cajeras que se han negado a ser examinadas por los médicos de Cajeras Limited® han declarado que su trabajo les produce ciática y lumbago, pero no dejan de ser rumores.

¡Pues sí! Por increíble que pueda parecer, el oficio de cajera reporta enormes beneficios para las mujeres. En este trabajo hay que levantar cada día pesos mayores o menores y efectuar rotaciones de casi ciento ochenta grados llevando ese peso en el extremo de los brazos extendidos, todo lo cual permite conseguir sin duda una importante musculación en los pectorales. El resultado será visible de inmediato. ¡Al cabo de apenas unas pocas semanas comprobarás que los pechos están más firmes!

Enseguida podrás compararte con mujeres que no han tenido la misma suerte que tú. ¿Pasa una cliente? ¿Acaba de empezar a trabajar una cajera nueva? Observa el nivel de sus pechos y comprueba a continuación la firmeza de los tuyos. ¿A que se nota una gran diferencia, sobre todo si ya llevas una buena temporada trabajando de cajera?

Cajeras Limited® lo ha demostrado científicamente: las cajeras tienen un pecho firme y muy bello. ¡Adiós a las tetas caídas!

Otro pequeño inconveniente: existe un ligerísimo riesgo de adquirir una lumbalgia crónica, y también es verdad que se trata de un tipo de ejercicio que se adapta mejor al cuerpo de las mujeres. Algunos hombres corren el riesgo de tener que ponerse sostenes al cabo de un tiempo. Pero las ventajas compensan de largo los posibles problemas, ¿a que sí?

*Desarrolla tu sistema inmunitario*

¿Eras propensa quizá, antes de trabajar en la caja, a sufrir dolores reumáticos, anginas y gripes de manera permanente? Pues bien, el contacto constante con los clientes (de los que al menos una séptima parte son portadores de virus cuando hay epidemias de gastroenteritis y de gripe), reforzará tu sistema inmunitario y te convertirá en una persona muy resistente a toda clase de enfermedades infecciosas. Además, la proximidad de los congeladores, de las puertas automáticas que están casi siempre abiertas, y el peculiar funcionamiento del sistema de climatización, aumentarán este efecto que solo repercute positivamente reforzando tu salud.

Un pequeño inconveniente: al parecer, ciertos empleados resultan más receptivos a los virus debido al contacto prolongado con estas minúsculas formas de vida. Se han puesto en marcha estudios científicos para comprobar la veracidad de esta hipótesis, pero no hay que ponerse nerviosos. Cajeras Limited® sospecha que este es un rumor difundido por parte del personal para reivindicar el derecho a sonarse la nariz delante de los clientes.

*Aprender a maquillarse*

Cuantas más horas pases trabajando a la luz de los neones, más perderá tu cutis su luminosidad natural. Pero ninguna cajera debería preocuparse por tan poca cosa. A los pocos meses de trabajar, toda cajera acaba convirtiéndose en una experta en la aplicación de un fondo de maquillaje (no proporcionado por el supermercado, claro) que devuelve el color a tu piel marchita.

Además, para eso sirven los periodos de reposo, que permiten salir a tomar el sol en el aparcamiento (bastante contaminado, es cierto) del supermercado. La reverberación de la luz en la carrocería de los coches de los clientes permite que la piel se broncee (o se queme) en tiempo récord.

*Deja descansar el cerebro*

Es igualmente importante que la cajera sepa que, a fin de garantizar el buen funcionamiento y el desarrollo de su cerebro, la reiteración de movimientos automáticos y de frases que se pronuncian mil veces, permiten que su espíritu descanse profundamente a lo largo de la jornada de trabajo. Para recuperar las facultades mentales, basta con salir del supermercado. De este modo, las neuronas se conservan y podrán ser utilizadas para cuando se jubile.

Un pequeño inconveniente: algunos clientes sentirán la tentación de comparar a las cajeras con plantas de interior o dirán que les recuerdan al tonto del pueblo. Que digan lo que quieran, experimentarán un sentimiento de superioridad y estarán encantados de volver a visitar tu caja con sus carritos. Ya lo has conseguido: has fidelizado a tus primeros clientes. ¡Cajeras Limited® se siente orgullosa de ti!

Así que, mis queridos clientes, la próxima vez que vayan ustedes hacia la hilera de cajas, observen bien a las cajeras y descubran en ellas los movimientos secretos con los que van esculpiendo día a día ese tipazo de ensueño que las caracteriza.

Trabajar en la caja del super es mucho mejor que ir a un gimnasio...

¡Venga, acérquense ustedes con sus *packs* de seis botellas de litro y medio de agua y sus sacos de arena para gatos meones!

# 18

## Siéntate, si puedes

A ver. ¿Quién no conoce el juego de las sillas? ¿Verdad que sí? ¿A que todas nos hemos divertido mucho jugando a eso cuando éramos pequeñas. Pues estás de suerte, porque la dirección del supermercado te brinda la posibilidad de volver a disfrutar de este juego, sobre todo los sábados y las vísperas de los días festivos. ¿Que cómo se juega? Es muy sencillo.

Es un sábado cualquiera y son las 11.30 de la mañana. Llegas a tu caja, feliz de estar comenzando esta nueva jornada laboral, hasta que, oh sorpresa, descubres que no tienes silla.

Hala. Ya está. Empieza la partida.

Superanimada, vuelves la vista a derecha e izquierda: las treinta cajas están funcionando y todas tienen su lucecita encendida. ¿Has perdido casi antes de empezar? Qué pena. Suspiras, pero de repente recuperas la esperanza, te fijas en que, a doce cajas de distancia, la luz de una de ellas está apagada. Sales corriendo hacia allí, golpeándote la nuca con los talones, pero... ¡Ay, qué decepción! Es que una de tus colegas ha olvidado conectar el indicador de «caja abierta». ¡Será idiota! Ahora vas y estás a punto de decírselo cuando tus ojos tropiezan por azar con una caja vacía aquí, y otra caja vacía más allá. Son dos, no las ocupa nadie. Sí, es cierto, están vacías. ¡La vida es bella! Vuelas hacia la primera. Con el corazón enloquecido te arrojas sobre la silla.

¿Has ganado? Todavía no. Tienes que coger la silla y salir zumbando, con ella a cuestas, hacia tu caja. Si tu ausencia de la caja que te corresponde se prolonga más de cinco minutos, has perdido. Y te quedan apenas dos, así que ya puedes volar.

¡Vaya, hombre! La dichosa silla es del modelo ancho, ya en desuso, y no sale fácilmente de su ubicación.

¡Dale, mujer, que se ha enganchado de algún lado! ¡Tira con todas tus fuerzas!

¡Mierda! ¡No tiene ruedas! Y es de las que pesan un montón...

Como sigas quejándote, llegarás tarde. Así que calla y agárrala en volandas como buenamente puedas, y a correr. Te quedan solo un minuto y setenta metros de recorrido. ¿Vas a abandonar ahora? ¿Te duele tanto la espalda que prefieres renunciar? Si es así, has perdido, ahórrate los sollozos... Ah, y además discúlpate porque le acabas de dar un porrazo al carrito de un cliente... Vaya, ya casi está, ¿has llegado a tu caja? ¡Ya era hora!

Te resbalan gruesas gotas de sudor por la frente y apenas logras recobrar el aliento. Has llegado, sí, pero estás hecha trizas. Tendrás que registrar las compras de trescientos cincuenta clientes en lo que te queda de jornada y ya estás rendida. Y hay delante de tu caja una cola de cinco clientes. Unos espabilados que no te han quitado el ojo mientras ibas en busca de la silla.

La pregunta es: bueno, pero ¿por qué no hay una silla en cada caja?

Respuesta: al principio había sillas suficientes, por supuesto. Pero reemplazar cada una de las sillas que lanzan su último aliento y acaban feneciendo en mitad de una jornada laboral resulta muy complicado. Además, es un juego divertidísimo, ¿a que sí?

# 19

# ¡No robarás!

Las grandes superficies son verdaderas cuevas de Alí Babá en las que lamentablemente hay que pagar a la salida el precio de cada una de las maravillas que cada cliente quiere llevarse. ¿Cómo resistirse a la tentación de robar alguna cosa, sobre todo esos días en los que el impulso es irresistible, o el monedero está muy vacío o, simplemente, porque uno es cleptómano? Es un impulso humano, demasiado humano. Pero si no quieres que te pillen, querido cliente, al menos evita utilizar alguna de las siguientes estratagemas, que las cajeras se conocen de memoria, o haz un esfuerzo de imaginación, hombre, y mejóralas un poco.

## *El simpático charlatán*

Es un caballero muy locuaz que te cuenta su vida con abundancia de bromas y chascarrillos y con ademanes espectaculares. Un auténtico *clown* o, mejor dicho, un auténtico prestidigitador, que con todo ese alboroto confía en poder adormecerte y lograr que no te des cuenta del extraño bulto que asoma debajo de su abrigo.

¿Eres habilidoso como un mago de la tele? En tal caso, prueba fortuna, pero no lo intentes a no ser que estés completamente seguro de su talento, no vaya a ser que el público no se deje engañar por las apariencias y tengas que hacer el siguiente numerito entre dos guardias de seguridad...

### *La pareja que finge enfadarse*

La cajera empieza a escanear los artículos que han dejado en la cinta, cuando de golpe estalla la tormenta entre el señor y la señora. Es una pelea brusca y violenta, todo por no sé qué artículos que él o ella han metido en el carro, o por el color del papel higiénico... Sube la tensión y el griterío, llegan a las manos. La cajera no sabe dónde meterse, baja la vista. Momento que ellos aprovechan para deslizar disimuladamente, por debajo de la caja, una bolsa cargada de artículos.

Olvídense de esta técnica. A la mayoría de las cajeras les encantan hoy en día las trifulcas conyugales, y no quieren perder detalle. A no ser que estéis dispuestos a llevar la escena a un extremo exagerado y la terminéis arrancándoos la ropa hasta quedar medio en pelotas (cosa que supone otro riesgo, y es que la escena atraiga miradas de todas partes).

*Los objetos invisibles*

Esta técnica consiste en meter un CD dentro de un camembert, o unas cuantas pilas entre dos latas de un *pack* de Coca-Cola... Todos los productos que pueden servir para ocultar otro son muy conocidos por las cajeras. Si vas a usar este truco, redobla la imaginación o ves a la compra con un bolsa provista de doble fondo. Y ten a mano la manida frase «Ay, no me había fijado» para el momento en que la cajera descubra el artículo birlado...

*El cliente indignado*

Pasas con tus compras y suena el timbre chivato. Inmediatamente, su reacción es: «¡Será posible! ¡Qué fuerte!» «¡Es inadmisible!» «¡Llamarme ladrón...! ¡A mí!» «¡Qué culpa tengo yo de que el sistema esté estropeado y no se dignen a arreglarlo!» «¡Es la última vez que piso esta tienda!»... Con todo eso trata de impresionar a la cajera o al agente de seguridad, creyendo que, asustados por sus gritos, no van a exigirte que muestres todas tus compras, y así te dejarán irte tan fresco. Aunque tengas la capacidad de atemorizar a cualquiera, ya puedes ir olvidando este truco. Está muy gastado.

*El corredor de fondo*

Sale corriendo a toda velocidad, se cuela por el estrecho pasillo de la caja dejando atrás a todo el mundo, cargado con un objeto muy voluminoso, y pilla a todo el mundo por sorpresa. Has de estar en una forma física excelente y conocer la técnica de los jugadores de *rugby* porque, de lo contrario, lo normal es que a la salida caigas víctima de un placaje por parte de un par de guardias de seguridad.

### *El intercambiador de códigos*

Se trata de un cliente que cambia el código de barras del producto que desea comprar por el de cualquier otro menos caro. Técnica que presenta un par de inconvenientes: actualmente, las etiquetas en las que figura el código de barras son muy difíciles de despegar; de hecho, hay muchas que no son despegables. Al intentarlo, se suelen romper. Por otro lado, la ventaja que se consigue resultaría mínima. Porque si tratas de colar un minitelevisor de 100 euros al precio de un *pack* de servilletas desechables que solo vale 3, la cajera se dará cuenta enseguida. De verdad, que no somos tontas. Y un error de este tipo podría tener para el cliente listillo consecuencias fatales.

### *El cliente fugaz*

Actúa como si fuese invisible. Al principio hace cola, como todo el mundo. La cajera supone que es un cliente más, que aguarda pacientemente su turno. Hasta que de repente, sin previo aviso, abandona la cola, se salta la caja y se dirige rápidamente hacia la salida de la tienda, con una bolsa llena de productos bajo el brazo. Deduce que, para cuando la cajera reaccione y dé la alarma a seguridad, él ya habrá desaparecido en el interior de su coche. Cuenta a su favor con la pasividad de la muchedumbre de compradores y con la fatiga de las cajeras. Es un tipo osado y calculador. Para que esta táctica funcione hace falta, sin embargo, que también los guardias de seguridad estén fatigados o que no se encuentren en sus puestos. Por eso los clientes fugaces como este suelen incluso estudiar muy bien el momento en que actúan, vigilar los turnos de descanso del personal. Todo es cuestión de segundos.

Finalmente, me gustaría llamar la atención sobre otra circunstancia. No hay que fiarse de los demás clientes. Los hay que llevan el espíritu delator en la sangre, y que no dudarán a la hora de denunciar al cliente ladrón ante la cajera o la dirección de la gran superficie. En efecto, los hay. Así que sea usted prudente si decide robar algo en los pasillos... y no trate de esconder una olla a presión debajo del abrigo: ¡un bulto así se nota por fuerza!

Confío en que todos estos consejos te resulten útiles.
¡Suerte!
Y ¿para cuándo el gran atraco al supermercado?
Hombre, ¡tampoco hay que exagerar!

# 20

## ¡Aquí mando yo!

¿Acaso tienes la sensación, por ser cajera, de estar tú al mando de todo delante de los clientes? Pues mira por dónde, va a ser que no. No olvides que tienes un jefe que vela por ti pero que no te quita el ojo de encima.

¿Y quién es ese jefe? ¿A qué se dedica? ¿Cómo es su vida?

Y la cajera, ¿cómo se las arregla para vivir bajo ese ojo protector y vigilante?

En las grandes superficies, el desfile de supervisores es casi tan incesante como el de las azafatas de caja. Algunos de ellos aguantan apenas unos días haciendo ese trabajo, mientras que otros lo desempeñan a lo largo de muchos años. Cada uno de ellos aporta su propios métodos, sus propios objetivos, y sus propios principios.

*El jefe eficiente*

Se trata de una persona que ha ido subiendo peldaños de uno en uno a fuerza de mucho trabajar y de hacer méritos para ocupar ese puesto. Conoce al dedillo el supermercado, sabe resolver cualquier problema y acudirá a tu lado ante la menor incidencia.

Por ejemplo. Tu caja se niega a funcionar y llamas a la caja central (utilizando un tono muy amable...):

—Es que se me ha bloqueado la caja.

—Ahora mismo voy —dice el supervisor.

Transcurren solo tres segundos y medio, se abre la puerta de la caja central y sale por ella el supervisor, con el teléfono en una mano y el destornillador en la otra. ¡*Alehop*! Ahí lo tienes, dirigiéndole una sonrisa encantadora al cliente, al que está saludando con efusivo «buenosdías».

—Ahora mismo vamos a resolver el problema, no se preocupe.

¡Que sí! ¡Que es verdad! ¡Hay jefes simpáticos! ¡He conocido a más de uno!

*El jefe perpetuamente insatisfecho*

Pero no te preocupes, aspirante a cajera. También encontrarás jefes que son unos auténticos chiflados. Vaya, hoy no te da ni los buenos días. ¿Significa eso que tienes bula, que tampoco tú has de saludar a los clientes? (¿Que de eso nada? Ah, claro. Tú sí que estás obligada a saludar, no eres un jefe...)

Hay también jefes cascarrabias. Por ejemplo, en el momento siempre complicado en el que hay que hacer el recuento, hay supervisores especializados en técnicas que les permiten aumentar vuestro estado natural de tensión. Es frecuente que su amabilidad esté a la altura de su poca eficacia y de su nulo espíritu servicial:

—Se me ha bloqueado la caja. No consigo que funcione.

—¿Otra vez? ¡Pero qué mierda de cajas! ¡A saber qué habrás tocado...! (y sigue otro montón de palabrotas que prefiero omitir).

Algunos minutos más tarde llega uno de los subalternos del jefe para encargarse de reiniciar la caja. Durante el rato de espera, tratas de bromear con el cliente para evitar que las ondas de malhumor del jefe acaben complicando una situación ya de por sí muy incómoda.

### *El jefe dios*

Es el que solo piensa en su propia carrera, en su ascenso y en sus objetivos personales. Es el mismo al que se le olvida con frecuencia que el personal bajo sus órdenes tiene también sus derechos. ¿Su arma favorita? El exceso de comunicación. Le encanta colgar carteles por todas partes con los objetivos, las cifras de negocio o el rendimiento del personal. Es imposible ignorarlos. Al final, casi tendrás la impresión de ser tú la responsable del buen funcionamiento del supermercado. Pero no te preocupes, tu querido jefe no tardará en mostrar su lado depredador.

¿Que un día se te ocurre saludar amablemente al delegado de personal y quedarte charlando con él dos minutos?

Pues puedes estar segura de que al cabo de treinta segundos tu jefe irá a preguntarte si tienes intención de desafiar su autoridad...

¿Necesitas introducir algún cambio en tus horarios para atender algún asunto personal? Más te vale empezar ofreciéndote a hacer la semana anterior a esa fecha unas cuantas horas suplementarias de trabajo (por supuesto, gratuitas, y aceptando que no vas a recuperarlas hasta transcurridos seis meses, por lo menos...), pues de lo contrario el jefe dios lanzará contra ti toda la fuerza de su ira divina.

Y si tienes la osadía de enfrentarte a tu responsable porque crees que ha tomado una decisión injusta, y se lo echas en cara, comprobarás que de inmediato te llama al orden y utiliza contra ti un argumento inapelable:

—Aquí mando yo, ¿vale?

Espero que hayas aprendido la lección. De lo contrario, ¡ojo con la serie de castigos que te aguardan! Esto no es como en el colegio, donde te mandan a casa con una nota severa dirigida a tus padres; tampoco te harán copiar mil veces la frase: «Jamás en la vida me atreveré a decirle que no a mi querido jefe». En las grandes superficies se juega a otro juego. La primera sorpresa te llegará cuando vayas a ver la siguiente ficha de planificación de horarios laborales. Te aguarda una semana especialmente penosa (la alegría de la hora de cierre), o un repentino cambio de puesto. ¿Te apetece trabajar en el mostrador de atención al cliente? No sonrías demasiado, ¡al cabo de una semana te dolerán tanto los pies que añorarás la silla de tu caja!

Lo peor de todo es que esta clase de jefes cree que el castigo debe provocar en ti un cambio de actitud. ¿Pensabas que tenías el deber de exponer tus comentarios y criticar lo que estaba mal organizado? Ya puedes ir cambiando de manera de actuar y de objetivos vitales...

*El jefe que piensa que el cliente-siempre-tiene-razón*

Suelen estar muy atentos a los comentarios escritos de ciertos clientes misteriosos. Porque hay clientes que toman nota de la buena o mala actitud de algunos empleados (ya te decía yo que algunos clientes llevan el espíritu de la traición en la sangre). Este tipo de jefes no piensa en otra cosa que en la satisfacción del cliente, lo cual suele concretarse en la obligación de que las azafatas de caja multipliquen sus sonrisas hasta el infinito.

Claro que hay otros que creen que lo mejor es que sus subordinados estén contentos y sonrían de buen grado. ¿De verdad que te ha tocado un jefe así? Menuda suerte, porque los jefes de esta clase tratan de organizar bien el trabajo de sus subordinados, suelen estar de buen humor y llegarán incluso al extremo de proporcionarte su apoyo cuando lo necesites.

Es una especie infrecuente. ¡No lo sueltes, si tienes la fortuna de tropezar con uno de ellos!

En cualquier caso, no debes olvidar jamás que la debilidad de la posición que ocupas en el supermercado te obligará a apelar constantemente a tu jefe o a sus subordinados inmediatos para evitar toda clase de problemas (si algún artículo suelto queda sin contabilizar, olvídate de quedártelo). Las cámaras de vigilancia no te quitan el ojo de encima en ningún momento. Te ayudarán a evitar la tentación de birlar ni un céntimo, de sonarte encima de la barra de pan del cliente, o de hurgarte las narices con los dedos. Y gracias a la aparición de las nuevas cajas de última generación, tu jefe podrá muy pronto controlar la cifra de negocio de tu puesto en tiempo real, y «apagarte» la máquina en el momento en que le parezca.

Si después de todo esto aún no has comprendido que el trabajo nos hace libres, es que no has entendido nada.

# 21

## La cinta transportadora: ¿amiga o enemiga de la cajera?

La cinta transportadora, ¿te parece solamente un elemento más de tu caja? No, es mucho más que eso. ¡Es tu amiga! Ella es la primera en establecer el primer contacto con los clientes, y puede resultar una aliada inestimable. Tiene algunos trucos que te permiten vengarte de los que te tratan mal. Por ejemplo:

Con el cliente furibundo que no deja de lanzarte miradas envenenadas (si hay cola, la culpa es tuya, sin duda), y que ha descargado su carrito sobre la cinta como quien vacía el cubo de la basura... Pues bien, tu amiga la cinta experimentará un súbito estremecimiento y, oh casualidad, la caja de los huevos pegará un salto y, ¡*plaf*! casi todo su contenido se romperá, o bien, ¡*pumba*!, la botella de vino se tambaleará, caerá y se partirá, manchando con su contenido el bonito pantalón color vainilla que lleva el apresurado caballero. Todo lo cual no hará que las cosas se hagan más deprisa, precisamente. Bueno, habrá que llamar al servicio de limpieza y esperar que pase alguien a limpiar... Ay, pobrecito (puedes dedicarle una sonrisa, pero con discreción).

Con el cliente pegado al teléfono que no interrumpe la llamada y te ignora con actitud soberbia, incluso después de que le hayas ayudado a reunir de nuevo el montón de monedas que se le han caído al suelo por no soltar el móvil (ni siquiera te da las gracias)... En ese momento, la cinta se traga entera la tarjeta de crédito que el hombre se ha olvidado de recoger, tan ocupado estaba con su vital conversación telefónica. Para recuperar la tarjeta, este cliente tendrá que aguardar al menos veinte minutos... ¡Anda, mira, si ahora incluso te está dirigiendo la palabra!

Con el crío que se pasa el rato berreando mientras su madre aguarda en la cola (y lleva así quince largos minutos), o con ese otro niño maravilloso que se distrae sacándote la lengua y que te tira a la cara con un pedazo masticado de galleta de chocolate. Mira por dónde, nadie sabe por qué la cinta le pellizca el dedito... ¿A quién se le ocurre tratar de frenarla haciendo presión con su manita, hombre? Que esto no es un juguete, niño. Ahora vuelve a berrear como antes, pero por lo menos ya sabes por qué.

Con ese cliente que cree tener todo el tiempo del mundo, que se burla de que el supermercado haya cerrado hace diez minutos (¿lo reconoces?) y que va poniendo con toda la parsimonia del mundo los artículos de uno en uno sobre la cinta, esta se acelerará de golpe y porrazo, con sonoro acompañamiento de rechinamientos varios y desagradables. Su oído quedará afectado un buen rato y, cuando llegue a casa, todavía no sabrá qué hacer para suprimir el eco de esa orquesta horrorosa.

En cambio, con el cliente simpatiquísimo que al llegar te saluda con una sonrisa y que va dejando sus compras empezando por las más pesadas y terminando por las más ligeras, y que cuida incluso de colocar el código de barras mirando al lado del escáner (¡sí, los hay de este tipo!), la cinta, conmovida, emitirá un suave ronroneo. ¡Todo va sobre ruedas!

Hay cintas que, de repente, decidirán abandonarte independientemente de cómo sea el cliente.

Por alguna razón, de pronto la cinta cambia de bando y se pone del lado de los clientes. En esos casos avanza sin detenerse por mucho que te esfuerces, y amontona y vuelca todos los artículos encima de ti. La inercia de la cinta en tales casos es enorme, y no hay modo de frenarla por métodos normales. Tu única esperanza está en el freno de emergencia (un botón rojo muy grandote que funciona solamente una de cada dos veces). Para cuando haya actuado, los productos se habrán llevado unos cuantos golpes, y tú también. El cliente te hace responsable del desastre a ti y solamente a ti (¡por supuesto!). Si quieres ajustarle las cuentas a esta cinta rebelde que parece actuar por su cuenta, tendrás que esperar a que termine tu jornada laboral, y entonces utilizarás lejía sin disolver directamente sobre la cinta traidora (cada uno se venga como puede...).

También puede ocurrirte que, el día menos pensado, harta de girar y girar dando vueltas sobre sí misma desde hace varios siglos, la cinta de tu caja suelte un último estertor prolongado y triste, y se detenga para siempre jamás. Ese grito desgarrador bastará para que comprendas que tu amiga te ha abandonado, dejándote sola para enfrentarte a la montaña de productos y a la cola de clientes enfadados que piensan que se trata solo de una avería. «Siempre pasa cuando llego yo», suelen decir algunos, que empujarán la montaña de productos de mala manera y descargarán toda su bilis contra ti, puesto que tú eres la única culpable de su desdicha. La cinta, por su parte, permanecerá inmóvil. Impasible. Inerte.

No, no estoy delirando. Espera y verás. A la larga, habrá momentos en que la soledad y la impotencia como cajera frente a los clientes desagradables serán tan grandes que agradecerás cualquier ayuda, incluso la de una cinta desfalleciente o caprichosa.

Por eso, límpiala con cariño cuando llegue la hora de cerrar y ofrécele una caricia cuando llegues por la mañana. La cinta te adorará. Y tal vez, quién sabe, algún día se tragará entero a un cliente odioso o al irascible jefe de sección.

## 22

## ¿Dónde esconder el tesoro?

Llegará el día en el que el físico de cierto cliente, de cierta clienta, te haga fantasear un poco. Y te sorprenderás a ti misma imaginando ese cuerpo desnudo, y que estás haciéndole masajes en los pies (y otras cosas, si ese cuerpo te gusta mucho). Y también habrá muchos clientes que no te inspirarán nada de nada, pero que, sin embargo, tendrán la generosidad de poner a tu disposición ciertas partes de su anatomía. Estos últimos comparten un elemento que les es común: tienen pánico a que les roben, y llevan el dinero en metálico bien escondido debajo de la ropa, lejos de los hábiles dedos de los ladrones. Promedio de edad: todas (hay paranoicos de todas las edades).

En el momento de pagar, tendrás desde tu puesto en la caja la oportunidad de ver en butaca de primera fila cosas tales como:

La fofa y sobreabundante pechera de la señora González, así como sus sostenes de color gris (que en otro tiempo fueron blancos), en uno de cuyos repliegues interiores ha escondido los billetes. Para sacar el fajo te deleitará con un paso de danza, acompañado de un soplo de intensa agua de colonia o perfume antiguo con aroma de ciruelas (o de lo que sea, no es fácil distinguirlo).

El pie esquelético y el zapato agujereado del señor López, por el que asoma un único billete de 50 euros. Un inconveniente: el aroma es tan intenso como fácil de reconocer. O no, perdón: a lo mejor es por el queso que acaba de comprar.

La tripa redonda del señor García. Tiene los brazos tan pequeñitos que con ellos no le resulta sencillo alcanzar, escondida bajo el jersey sin mangas, ese bolsillo de la pechera de su camisa donde ha guardado el dinero en metálico. Mientras esperas a que termine de realizar con dificultades sobrehumanas toda una secuencia de complicadas maniobras, te das cuenta de que hoy no ha tenido tiempo de ducharse (y que ayer tampoco).

Con la señora Pérez el problema es distinto. De entrada, ver no ves nada. Pero ella te dice como si tal cosa:

—Espere un momentito; es que no tengo suficiente dinero. Voy un momento a los servicios.

Minutos más tarde la ves regresar, triunfal, con unos billetes en la mano. Y decides que, pase lo que pase, te negarás a imaginar nada ni a deducir de dónde se los ha sacado. Te limitas a coger el dinero con la punta de los dedos.

Sí, sí, ya lo sé. El dinero no huele. ¡Sobre todo para los que trabajan en la caja de un supermercado!

# 23

## ¡Ya pago yo!

Pagar tus compras: he aquí una obligación que los clientes preferirían no tener que cumplir. Como cajera, lo sabes muy bien, cada día te hacen cargar a ti con las culpas, cada uno a su manera. A veces acabas preguntándote si no serás una auténtica atracadora, dada la furia exterminadora de las miradas que te lanzan y la saña de los insultos que te dirigen. Por eso, a lo mejor te sorprende que también haya clientes que se peleen por pagar. Sí, sí, como lo has oído. ¡Se pelean por pagar!

Como ejemplo, he aquí una escena que yo misma viví:

Llegan dos amigas tan campantes a mi caja. Llevan un CD.

Cajera:

—Son 19,99 euros, por favor.

Las dos sacan su tarjeta de crédito al mismo tiempo.

Amiga 1:
—Ya pago yo.

Amiga 2:
—No, me toca a mí.

Amiga 1:
Pero si ayer me invitaste a comer.

Amiga 2:
—Ya, pero la semana pasada me invitaste tú.

Amiga 1:
—Claro, porque tú habías comprado las entradas del concierto.

Amiga 2:
—Eso no cuenta, mujer. Era tu cumpleaños.

Amiga 1:
—Pero es que ya me habías regalado un DVD.

Amiga 2:
—Pues porque te lo había prometido hacía mucho tiempo.

Amiga 1:
—No es verdad, era yo la que había jurado que te lo iba a regalar.

Amiga 2:

—Bueno, ¿y qué? El año pasado me invitaste a comer a tu casa muchas más veces que yo a la mía.

La cajera empieza a marearse, pero el diálogo no ha terminado aún. La Amiga 1 aprovecha la última réplica para adelantarse con su tarjeta de crédito y tratar de pasarla por el lector de bandas magnéticas. La Amiga 2 la sujeta de la muñeca, consigue forzarla a que suelte la tarjeta y mete la suya. La Amiga 1 frena la mano de la otra, logra que retire a su vez la tarjeta, e intenta, pero sin éxito, pasar la suya. La Amiga 2 le ha agarrado la mano con las dos suyas, y se interpone entre la otra y el lector de tarjetas. La Amiga 1 se escabulle, rodea bruscamente a su compañera de pelea y lo hace con tanta fuerza que saca el lector de tarjetas de su peana hasta lograr que se estrelle contra el suelo. Y ni siquiera en este momento ha terminado la batalla. En medio de la confusión, la Amiga 2 mete en la mano de la cajera un billete de 20 euros. La Amiga 1 se muestra dispuesta a arrancarle el brazo a la cajera con tal de recuperar el billete.

Cajera (titubeante):

—Escuchad, si tenéis cuentas pendientes, procurad saldarlas fuera de la tienda, por favor. Es que la sangre mancha bastante...

Las chicas estallan en carcajadas. Y la Amiga 1 permite que la Amiga 2 pague el CD.

Me parece que esta anécdota revela ciertas contradicciones propias de nuestra sociedad. «Pagar» parece que se ha convertido en la única prueba auténtica de amistad, aunque sea entre dos grandísimas amigas. En asuntos de amor ocurre muchas veces lo mismo. Pago, luego existo.

Ay, amiga cajera, no dudes en recordárselo siempre a tus clientes. Ya verás como al final todo se arregla.

## 24

## Los niños dicen la verdad

Los niños miran el mundo con ojos perspicaces, candorosos, poéticos, tiernos... Por eso, la emoción te embargará cuando escuches cosas como estas:

Ricardito, de siete años, ha estado observando atentamente la caja y tu puesto de trabajo, hasta que al final te pregunta:

—¿Y la cama, dónde la tienes?

Nico, que tiene nueve años, dice:

—¿Y a mí? ¿No me das unas monedas? ¿Por qué se las das solo a mi mamá?

Juli es una niña de seis años que me mira muy seria cuando me pregunta:

—¿Estás en la prisión?

No me extraña su pregunta, finalmente tu lugar de trabajo se parece más a la jaula de su hámster que a la caja de un supermercado.

Rosa es una cría de cinco años, que te explica:

—Mamá no tiene dinero para pagar la compra. Tendrá que darte la tarjeta.

La niña se había fijado en que el cliente anterior había pagado en metálico y la madre de Rosa le acababa de explicar a su hija pequeña que ella no lleva monedas.

Todo lo cual puede parecer muy ingenuo y hará que esboces más de una sonrisa. En cambio, hay veces en que los padres utilizan la figura de la cajera para atemorizar a los niños. En esos momentos debes mantener la sonrisa (es obligatoria), pero sí puedes permitirte decir la verdad.

Así, cuando oyes a una madre señalándote con el dedo y diciéndole a su criatura:

—¿Lo ves? Si no te portas bien en el colegio y no haces todos los deberes, terminarás trabajando de cajera, como esta señora...

Nada te impide decirle que no es un trabajo de tontos, que prefieres la caja a estar en el paro, y que además estudiaste y sacaste muy buenas notas (e incluso llegaste a la universidad, ¿vale?).

O respondes así, o acabaremos todas teniendo que soportar que los niños nos falten al respeto o piensen que somos unas taradas...

Por cierto: noticia bomba para todas esas personas bienpensantes capaces de decir cosas así: hace muchos años que tener estudios superiores ya no es garantía de obtener luego un trabajo de ensueño. Hoy en día son muchos los licenciados universitarios que tienen curros mal remunerados.

Gracias, queridos padres que formáis parte de la clientela de mi gran superficie, gracias por utilizarnos como espantapájaros para vuestros hijos. Y a ver si os ponéis un poquito al día.

## 25

## El sexo de los ángeles

Cosas que la gente no deja de repetir cien veces al día:

- Las niñas son tan inteligentes como los niños (y sacan mejores calificaciones en sus estudios).
- Los récords obtenidos por las atletas son tan impresionantes como los que obtienen los varones. Y las reinas del *catch* se hacen tan famosas o casi como los reyes de la lucha libre.
- Las mujeres pueden ser tan autoritarias, coléricas y groseras como los hombres.
- Los chicos pueden ser tan guapos, sensibles, amables, bobos y charlatanes como las chicas.

No será por falta de pruebas que lo demuestren.

Entonces, ¿se puede saber por qué seguimos tolerando esta clase de cosas?:

- Cada mañana, en tu cajón pone, claramente en femenino: «n.º de cajera».
- Todos los días envían a los chicos, en lugar de a las chicas, a los pasillos de las diversas secciones a levantar las mercancías y colocarlas en los estantes.

- El nombre genérico ha terminado siendo el de «cajera» en lugar de «cajero».
- Las empresas hablan de «azafata de caja» y no tienen ninguna expresión similar cuando se trata de varones.
- Las chicas siguen siendo las que más trabajan en las cajas, aunque también hay algunos chicos.
- Nuestra sociedad, en fin, sigue siendo eminentemente machista.

Se me olvidaba un detalle, es cierto. Seguramente con la idea de hacer que nos callemos las mujeres iracundas como yo, las que estamos siempre quejándonos, algunas cadenas de grandes superficies se han esforzado por encontrar una expresión la mar de mona: «empleada de autoservicio». Con lo cual se termina la discusión y el problema queda resuelto. ¿Verdad?

Sueño con el día en que cajeras, clientes y jefes vayamos todos juntitos de la mano... Tenemos derecho a soñar, ¿no?

# 26

## Llega la pausa

Tarde o temprano, llegará el momento en que tengas que decirle al cliente:

—Está cerrada.

A lo cual el cliente responderá, sin duda, eso de:

—Pero si solo traigo un artículo.

Ojo. Las primeras veces te dejarás convencer para que pasen el sándwich, el taladro eléctrico o las bombillas de bajo consumo, pero ya verás como, antes de que te des cuenta, ya habrás aprendido a decirle educadamente que no (y es que detrás siempre viene otro cliente también con un solo artículo). Que sí, hombre, que también las cajeras tienen derecho a descansar un rato.

Además, ¿a qué viene tanta discusión sobre nuestro derecho a disfrutar de una pausa? Tú, en la oficina, si quieres dejar el ordenador un momento para ir a hacer pis, para tomar un café o para charlar cinco minutos con un colega, no tienes que ir a pedirle permiso a nadie... En cambio, en la caja sí hay que hacerlo. Es como volver a la época de la escuela primaria.

¿Se te ocurre saludar a una colega que pasa en ese momento por uno de los pasillos, al otro extremo de la hilera de cajas? ¡Ay de ti! Durante tu horario laboral, eso está prohibido.

¿Necesitas ir un momento a los servicios? ¿Te atreverás a irte sin pedir autorización?

¿Te apetece tomarte un café? ¿Has solicitado permiso?

¿Tienes necesidad de salir a la calle y fumarte un pitillo? ¿Ha sido aceptada tu solicitud?

Son las dos de la tarde, tienes hambre, y estás solamente a mitad de tus seis horas de trabajo. ¿Has preguntado si puedes hacer tu pausa reglamentaria en este momento?

En el mundo del comercio (por lo menos si trabajas en una caja) las cosas funcionan así. Te han contratado para que trabajes detrás de una caja registradora, y por lo tanto no puedes abandonar tu puesto si no obtienes la autorización pertinente por parte de la caja central. Así que, sea cual sea la causa o la urgencia, tendrás que descolgar el teléfono...

Bueno, te parecerá humillante que te traten como a una niña pequeña (¡sobre todo para que te dejen ir al lavabo!), pero ya puedes ir acostumbrándote.

Da lo mismo que trabajes en la mayor de las grandes superficies o en la caja de un pequeño supermercado de barrio: en todas partes el procedimiento para las cajeras es el mismo.

Y en todas partes tendrás que mantener por teléfono esta clase de diálogos:

—¿Puedo hacer mi pausa?

(Táchese lo que no proceda.)

□ Vale.

□ Espera a que vayan a sustituirte.

- □ Ya te llamaré cuando se pueda. Ahora mismo hay demasiadas cajas en pausa.
- □ Espera un poco, hombre. Tienes mucha cola ahora.

En función de la respuesta, tu estado de ánimo quedará delatado por la sonrisa o la mueca de fastidio o incluso de dolor que asomará a tu rostro.

A veces, cuando la caja central te dice «Ya te llamaremos», cabe la posibilidad de que se olviden de ti. Vuelves a llamar tú al cabo de tres cuartos de hora (una larga espera en muestra de solidaridad con el resto de tus compañeras) y tienes muchas probabilidades de que te respondan con la misma canción. «Ya te llamaremos», vuelven a decirte. El rictus de tu rostro será ahora expresión facial de un cabreo interior que tendrás que esforzarte por sofocar, sobre todo delante del cliente que, el pobre, no tiene la culpa de nada...

Así que, a sonreír de nuevo, y a esperar que te llegue el turno.

Hay otro gran momento de soledad para muchas cajeras que es el que llega cuando pides permiso para salir precipitadamente hacia los servicios...

Imagínatelo por un instante. La tienda está repleta de público, hace ya dos horas que te retuerces encima de la silla, confiando desesperadamente que se te pasen las ganas perentorias de ir al baño porque no quieres fastidiar a nadie. Por desgracia, esas ganas terribles no desaparecen y, al cabo de un momento, tienes que volver a pedir permiso para cerrar la caja y correr a aliviar tu vejiga.

Coges por fin el teléfono, tratas de hablar de una forma discreta para no molestar ni ofender a los clientes, los cuales no tienen por qué enterarse de la situación en la que se encuentra tu vejiga, y sigues pasando por el escáner paquetes de papel higiénico y sobres de jamón de york.

Después de varios intentos fallidos (la línea de la caja central está siempre ocupada), al final te contestan.

—¿Puedo ausentarme un momento de mi caja? (en un tono de máxima discreción).

—¿Para qué? (en tono muy desagradable, que es el más eficaz).

—Es que necesito ir al baño.

—Hum... ¿no puedes esperarte un ratito? —Y ahora elige entre las siguientes, la respuesta apropiada—: Tu pausa será dentro de una hora/Acabas de ir hace solamente dos horas/¡Pero si apenas has comenzado el turno hace una hora!

—Es que es una urgencia.

—Mmmmmm... —u otra expresión de este tipo—. Espera, envío a una compañera a sustituirte.

(¡Y en ese momento confías en que la compañera llegue enseguida!)

Hay cadenas en las que se establecen ciertos códigos que permiten solicitar la autorización por teléfono de la manera más discreta, o al menos enigmática. Entonces la cajera le dice al teléfono cosas tan exóticas como «Tengo un código violeta», o bien «¿Puede darme un 157?», o «Hace sol», o «1945».

La verdad es que «tengo pis» no es una frase que vaya a resultarle interesante a nadie, sea cliente o no. Por mucho que en una situación así un cliente se ría, tú no sueles estar de humor para corresponderle.

En cualquier caso, ya se ve lo complicado que resulta encontrar alivio para ciertas necesidades cuando trabajas de cajera.

Volvamos, sin embargo, a lo que íbamos y profundicemos un poco en el tema de las pausas. Hoy es día festivo, pero el supermercado está abierto. Has pedido permiso para tomarte tu ratito de pausa, te han autorizado y te dispones a disfrutarlo en la sala de descanso.

Veamos ahora en qué consiste este magnífico rincón de la gran superficie en el que todos los empleados de la tienda acaban cruzándose los unos con los otros en algún momento a lo largo de la jornada. ¿Qué clase de sala es la que la empresa ha acondicionado con este fin, y que se convierte en el objeto de todos los deseos por parte de las cajeras que quieren disfrutar de un momento tranquilo, lejos del trabajo y de la clientela?

Hay salas de diversos tipos.

Van desde una especie de cocina americana (máximo confort, sin duda: hay mesa, sillas, nevera, cafetera, horno microondas), provista para grupos de comensales sentados en largas bancadas (siempre de asiento más bien estrecho...). Digamos, sí, que son de estilo rústico.

En los hipermercados estas salas responden a otra clase de concepto. No hay nunca cafetera a disposición del personal, sino una simple máquina de café (en la que hay que pagar, por supuesto), máquinas con sistema *Vending* con sándwiches, galletas, chocolate y demás formas de repostería industrial (que también has de pagar) y, si hay mucha suerte, con una máquina de agua (gratuita, sí, pero en la que nunca quedan vasitos). Suele haber algunas mesas y unas cuantas sillas. Pero mucho ojo con coincidir con un número elevado de compañeras, porque entonces todos los asientos están ocupados... No se sabe por qué, todo el mundo insiste en comer a la misma hora, se queja la dirección (¡qué exagerados!). Además, en esos momentos hay cola hasta para usar el microondas (no hay más que uno) para recalentar la comida que has traído de casa. Si hay dos, puede considerarse que la instalación es de lujo.

Hay salas comunes en las que, por toda decoración, ponen un tablón de anuncios (con frases del Consejero Delegado, del Director General, de los sindicatos, anuncios personales...). En un rincón hay unas pocas revistas, que como máximo alguien cambia cada seis meses.

Al parecer, no todas las empresas practican la misma política. Me han contado (¡juro que me hubiese gustado verlo!) que en otros hipermercados tienes derecho a sentarte en un sillón y ver la tele, aunque las paredes se desconchan por igual en todas partes, y nunca se observa ningún esfuerzo decorativo digno de ese nombre.

Por otro lado, aparte de comer el bocata y tomar un café, ¿a qué se dedica la gente en estas salas?

Pues muy sencillo, ¡a charlar! De todo, de nada, de las condiciones de trabajo, de las relaciones con los demás empleados y con los jefes. Es un lugar de intercambio de opiniones en los que todos tratan de arreglar el mundo. Pero, si quieres desahogarte de verdad, lo primero que has de hacer es echar una ojeada a todos los rincones, y asegurarte de que en ese momento no hay encargados ni jefes que puedan escuchar tus comentarios. Está bien criticar, pero no conviene que tus palabras lleguen a sus oídos... En cualquier caso, todo ocurre rápidamente, porque con solo tres minutos de pausa por hora trabajada (hay cadenas en las que la pausa es un poco más prolongada, de cuatro minutos por hora trabajada, ¡nada menos!), no hay tiempo de comentar casi nada.

Les pongo en situación (cronómetro en mano).

¿Te quedan seis horas de trabajo? Amiga mía, eso equivale a dieciocho minutos de pausa.

Vas primero a marcar, pasas por el vestuario y recoges algunas monedas de tu taquilla para comprarte un café/un sándwich/una barrita de chocolate con cereales y miel en la máquina: total de tiempo invertido, dos minutos (los pasillos son largos, hay que subir algunos pisos).

Vas a los servicios y te lavas las manos. Tres minutos.

Te diriges por fin a la sala de descanso. Un minuto más.

Han pasado ya seis minutos, te quedan solo doce.

Para ganar tiempo, muchas cajeras acostumbramos a comer cuando ya hemos terminado el trabajo o bien a tomar solo comida fría, para no tener que hacer cola esperando que el micro-ondas esté libre (lo cual te ahorra de dos a cinco minutos), en fin, cualquier cosa con tal de disfrutar al menos de diez verdaderos minutos de descanso.

Te instalas en la sala, y ojeas una de las revistas viejas que andan tiradas por allí desde hace semanas. Pronto acabas aprendiendo de memoria las informaciones.

Llega una compañera.

Empieza una discusión acerca de los horarios de trabajo, lo cortas que son las pausas, la última historia que has tenido con un cliente:

—¿Podrás creer que los haya con tanto morro? ¡El tío va y cambia el código de barras a una cafetera, y le pone la etiqueta de un producto de 3 euros! ¿De verdad piensan que no nos vamos a dar cuenta?

También hablamos de la familia, de las próximas vacaciones:

—¿Tú crees que si se lo pido bien el jefe me dará una semana entera?

Y de los planes de salidas nocturnas, de la falta de tiempo para estar con tus hijos...

Conversas, ríes, siempre mirando de reojo al reloj. Llega otra colega, y los dieciocho minutos de descanso están a punto de terminar. Tragas de golpe el café. (¡Ay, todavía quema! ¡Qué más da! ¡Ya no hay tiempo!) Le das el último mordisco al sándwich, y tienes que salir corriendo para marcar antes de que termine del todo tu periodo reglamentario de descanso. Porque como te pases medio minuto, tendrás que escuchar una reprimenda del jefe. Queda solo un minuto (justo el tiempo de bajar corriendo las escaleras) y la pausa habrá terminado.

Abandonas a tus compañeras y sales zumbando. A media digestión, marcas, vuelves a la caja, y algunos clientes caminan en pos de ti, sabiendo que tu caja estará en seguida abierta, prestos para lanzarse al asalto.

Tres minutos por hora trabajada. Sin duda ¡una fórmula buenísima para que aprendas a administrar el tiempo y optimizar cada minuto!

¡Ser cajera: un oficio en el que hay que saber organizarse a la perfección! ¿A que sí?

# 27

## ¿Lleva usted menos de diez artículos?

Pegas un salto de alegría. En este turno te ha correspondido la caja de «diez artículos o menos». Te espera un día tranquilo, ¿eh? ¡Ja! Yo, en tu lugar, esperaría un poco antes de entusiasmarme... ¿Diez quiere decir diez? En esta caja no.

¡Ánimo!

*10 = 10*

Cajera:
—Buenos días, ¿lleva usted menos de diez artículos?

Cliente:
—¡Claro!
Número de artículos que el cliente coloca en la cinta: 20.

Cajera:
—Le agradecería que se dirigiese usted a otra caja.

Cliente:
—¡Será holgazana!

*10 = 11*

Cajera:
—Buenos días, ¿lleva menos de diez artículos?

Cliente:
—Sí, a ver... Uno, dos, tres... Sí, son 11, da igual ¿no?

Cajera:
—Pues no, mire. 11 no son 10.

Cliente:
—¿Y por uno solo se va usted a enfadar?

Cajera:
—Es que 10 son 10. Mire, si lo prefiere, deje uno de los artículos o pague en dos veces, ¿eh?

Cliente:
—¡Será rata!

*10 = nadie en la cola*

Cajera:
—Buenos días, ¿lleva usted menos de diez artículos?

Cliente:

—¡Venga ya, pero si no está atendiendo a nadie! ¿Qué le cuesta cobrarme lo de mi carro?

Cajera:

—Lo siento muchísimo. Esta caja está reservada a clientes con un máximo de diez artículos.

Cliente:

—Pues vaya con la funcionaria, ¡será posible!

*10 = 5 × 1*

Cajera:

—Buenos días, ¿lleva usted menos de diez artículos?

Cliente:

—Más o menos cuarenta, pero le voy a pagar en cinco veces.

Cajera:

—Caramba, qué astucia. ¡Jamás se me habría ocurrido!

*10 = 10 × 10*

Cajera:

—Buenos días, ¿lleva usted menos de diez artículos?

Cliente:

—No exactamente, en realidad son cien. Pero de hecho solo son diez productos, y me llevo *packs* de diez de cada uno.

Cajera:

—Muy bien, entonces ningún problema.

Y sí, un solo artículo pero en diez unidades cuenta solo por uno.

*10 = ¡No te joroba!*

Cajera:

—Buenos días, ¿lleva usted menos de diez artículos?

Cliente:

—No me venga con historias, suelo ir a otra cadena y las cajeras siempre me dejan pasar.

Cajera:

—Ya, pero hoy está aquí y no allí. Lo siento mucho.

Cliente:

—¡No me jorobe!

Te toman por idiota, te insultan, tienes que estar discutiendo cada dos por tres, dar explicaciones, no ceder nunca, ser intransigente... ¿Todavía te tienta, querida, la idea de trabajar en una caja de «menos de diez artículos»? Dices que tienes un principio de úlcera, ¿no? Pues si quieres desarrollarla del todo, estas cajas son perfectas.

## 28

# Personas con prioridad

El sol brilla todos los días. Los conejitos saltan y brincan por los prados. El mundo vive en paz. Y los seres humanos viven en perfecta armonía y cada uno de ellos tiene como prioridad el respeto a los demás.

¿Utopía? ¿Dices que los conejitos no saltan ni brincan alegremente? ¿Que tampoco sonríen? Vaya por Dios, ¡qué injusticia!

Hay clientes que tienen prioridad debido a sus necesidades especiales, sea porque van en silla de ruedas, porque padecen alguna clase de minusvalía física, porque son mujeres embarazadas o porque llevan a su cargo un montón de críos. Hay, por lo tanto, muchísimas personas susceptibles de exigir que se les dé un trato prioritario, y que tienen argumentos indiscutibles a su favor. Hay que cederles esa prioridad.

Tipos de prioridad:

Porque este cliente tiene unas ganas imperiosas de ir a hacer pis.

Porque este otro cliente dice que lleva en pie desde las cinco de la mañana.

Esta señora dice estar embarazada, pero no se le nota porque hace solo tres semanas.

Esta pareja tiene prioridad, su programa preferido de televisión va a comenzar dentro de cinco minutos.

Esta mamá va con sus tres hijos, todos ellos con edades superiores a los ocho años.

Una clienta que dice que tiene la gripe.

Otra clienta que asegura que ha de preparar una cena para ocho invitados.

El papá que dice que ha de ir a recoger al crío a la guardería.

La adolescente que llega tarde a la clase de inglés.

El cliente que afirma no soportar las colas (¡te juro que no me lo invento!)...

Si aparece de pronto alguien con prioridad indiscutible, tendrás que convencer a los primeros de que le deje pasar, y no es fácil. Y cuando por fin aceptan, sueltan un suspiro...

El caso extremo, pero no menos sorprendente, es el de ese anciano que se empeña en que mires su tarjeta de invalidez para demostrarte que no está haciendo trampas.

Si todo el mundo fuese como él... sería para preocuparse.

Prepárate también para hacer frente a situaciones paradójicas y de difícil solución. Por ejemplo, cuando llegan al mismo tiempo a la caja dos ancianos, ambos en evidente mal estado físico. ¿Cuál de los dos ha de pasar primero? ¿Con qué criterio se produce el desempate? ¿Has de contabilizar el número de puntos de su cuerpo que padecen dolores reumáticos, y dar prioridad al que más tiene? Un consejo: deja que se aclaren ellos mismos. Ganará el más malhumorado de los dos. Y tratarás con mucha más amabilidad al segundo.

Y no te dejes impresionar nunca. Manda a los seudoprioritarios a las otras cajas. Es ahí donde les han de atender.

Y no, los conejitos no sonríen, te lo puedo asegurar.

## 29

## Control de la identidad: documentos, por favor

A lo mejor te crees que la frase «por favor, mostrar en caja el documento de identificación para cualquier pago realizado con tarjeta de crédito» es una formalidad que todo el mundo acepta con la mayor naturalidad del mundo. ¡Pero qué ingenua eres! Estás a punto de descubrir que eso de mostrar una identificación plantea problemas... «de identidad».

Es cierto que en cualquier documento de esta naturaleza aparecen datos relativos a la intimidad del cliente. Puede que alguno no desee que te enteres de cuál es su edad (su aspecto hace pensar que es mucho más joven que su edad real), o de dónde vive (es un paranoico), o de cuál es su lugar de nacimiento (le da vergüenza haber nacido en Pedorretas de Abajo), o de su apellido de soltera (su papá se llama Orejón), o no quiere que veas la foto del carné (se la hicieron en plena erupción horrible de acné).

No hay que sorprenderse si escuchas consideraciones como:

—Pero bueno, ¿qué pasa? ¿Es usted de la policía secreta? (No, soy agente de la CIA, si le parece...)

—Oiga, que la tarjeta es mía ¿Insinúa que la he robado?

(Pero ¿qué espera? ¿Que me fíe de usted?)

—¿Identificación? ¡Hasta ahí podríamos llegar!

(Y el cliente, ofendidísimo, deja todas sus compras y se larga.)

—¿Por qué? Pero si nunca me piden nada.

(Ya, y yo soy idiota de nacimiento.)

—No, pero si no hace falta, soy amigo del director de este centro.

(Que sí, hombre, y yo la prima de Paul McCartney.)

—¡Mi cuenta no está en número rojos!

(Y si lo estuviera, ¡me lo diría a mí!)

Hay algunos clientes a los que les pides una identificación y parece que hayas cometido un crimen de lesa majestad. Les da un ataque de cólera de lo más violento en cuanto les pides algún documento que los identifique, y si te niegas a cobrarles con la tarjeta porque no se identifican, empiezan a insultarte. Y en casos extremos, has de estar dispuesta a ponerte a cubierto porque los hay que son capaces de tirarte algún artículo por la cabeza (incluso la caja de cartón que contiene la minicadena de alta fidelidad).

Se trata, sin duda, de seres que están por encima de las leyes. Enfermos, sin duda. Que, por otro lado, están dispuestos a pagar con la tarjeta de cliente porque en ese caso no les has de pedir ningún dato: en el momento de cumplimentar el formulario para solicitarla, están regalando todos esos datos tan secretos a la empresa.

Hay quienes te dan la tarjeta y luego te muestran la identificación de su novia o de su abuela. Sí, en la foto se nota cierto parecido. Parece que no te has explicado bien cuando les pedías un documento que les identificara, a ellos...

—Bueno, no importa en realidad... Sí, mi novia estaba aquí conmigo ahora mismo, pero no podía esperar.

—Por favor, ¿podría decirle que regrese enseguida? (Aunque en realidad no has visto que estuviera acompañado por nadie.)

—¿No le digo que se ha ido, que no podía esperar? —El hombre empieza a cabrearse y suelta—: ¡*Ntchs*, mierda!

Y el cliente acaba recogiendo la tarjeta y largándose, dejando abandonada toda su compra.

En ningún caso debe una cajera ceder cuando se produce una negativa de este tipo (ni siquiera cuando el cliente, muy simpático él, te guiña el ojo con encanto). «Toda persona que pague con tarjeta de crédito o mediante un cheque, debe certificar su identidad mediante un documento acreditativo» (artículo L. 313-15). Si se produjese el más mínimo problema, la dirección del centro donde trabajas no se cortará ni un pelo a la hora de decirte «ha incumplido usted sus deberes de cajera», y te lo harán pagar. ¡Has de ser una cajera incorruptible! (Aunque, eso sí, puedes reírte por dentro todo lo que quieras cuando veas la cara que tenía el señor López hace quince años, cuando se sacó el permiso de conducir y, en lugar de calvo era un melenudo *hi-*

*ppy*; o que, por el contrario, el señor García, que luce ante ti una abundante mata de pelo, hace un par de años todavía no se había gastado el dinero en el absurdo peluquín que se le cae sobre la oreja izquierda.)

# 30

## ¡Achís!

Aviso a todas las cajeras
(Debido a las quejas diversas de varios clientes)

Cajera: ¿te has acatarrado? Será mejor que te quedes en casa. ¿Tu médico se niega a darte la baja porque, total, no es más que un catarro benigno? ¡Y qué importa, apestada de los demonios, haz el favor de no salir de tu casa! ¿Que por qué? ¡Pues porque en tu trabajo tienes que tocar los artículos adquiridos por los clientes con tus manos llenas de gérmenes nocivos, y porque de un momento a otro podrías estornudar o «sonarte sobre su barra de pan»!

¿Qué te has acatarrado precisamente porque durante varios días son los clientes quienes han estado estornudando y tosiendo en tus narices? ¿Y qué? El cliente es el rey. Tiene todo el derecho a transmitirte sus microbios y a no querer recuperar los que tú pudieras pasarle.

Buenas vacaciones, cajeras acatarradas.

La Dirección, que tanto os quiere

## 31

## Son 19,99 euros, gracias

—*Biiip*.

Cajera:
—Son 9,99 euros, por favor.

El cliente te da un billete de 10 euros. Le devuelves el cambio de 1 céntimo, y bendices a los astutos inventores de estos precios tan perversos.

En lugar de 10 euros, 9,99.

En lugar de 20 euros, 19,99.

En lugar de 100 euros, 99,99.

«¡Menuda ganga! ¡No podemos dudar ni un segundo, vamos a comprarlo! ¡La vida está llena de oportunidades!», se dicen los consumidores día tras día, viendo estos precios tan tirados.

Así que, dadles también las gracias a los inventores de estos precios (y también al euro) por los grandes momentos que les permiten vivir. Y nadie está más contento por el invento que nosotras, las cajeras. Gracias a estos precios tan especiales:

En lugar de pasar diez minutos contando el dinero del cajón al terminar la jornada, necesitamos unos quince minutos, gracias a todas las monedas de 1 céntimo, y también a las de 2 y a las de 5 que a lo largo del día van a parar a nuestra caja. Al término de la operación de recuento de monedas, las yemas de los dedos nos quedan recubiertas por una ligera capa de cobre mezclada con... grasa.

Además, como mínimo cincuenta veces cada día estarás obligada a contestar a preguntas del siguiente género:

Cliente:
—¿19,99 euros? ¿Y por qué no dice 20?

Cajera:
—No señor, en absoluto. Mi obligación es decirle el precio exacto, precisamente.

Cliente:
—¿Y no podría redondearlo?

Cajera:
—Es que esa no es mi responsabilidad. Pero puede usted ir a comentárselo a la dirección del centro.

Cliente:
—¡Ya se puede quedar usted con ese céntimo!

Cajera:
—¡Un céntimo, muy amable! Pero no estamos autori-

zadas a aceptar ningún tipo de propinas, por pequeñas y generosas que sean.

Cliente:
—Me fastidia andar arrastrando todas esas monedas en el monedero.

Cajera:
—Pues échelas en la hucha de alguna ONG.

Cliente:
—Me falta 1 céntimo, ¿me lo regala?

Cajera:
—Lo siento mucho. Ya me gustaría, pero no me lo permiten.

Y así es. Paradójico, pero nosotras no podemos resolver el problema.

Y eso sin contar con que decir «Son-diecinueve-euros-con-noventa-y-nueve-céntimos-por-favor» es muchísimo más largo que decir «Veinte-euros-por-favor». Al final de una jornada completa de trabajo, el tiempo perdido diciendo estas cantidades debe de representar uno o dos clientes menos por cajera. Si yo fuese la jefa de una gran superficie, este asunto me preocuparía.

Información de ultimísima hora (rumores y parloteos varios).

Según noticias muy recientes, los bancos nacionales europeos han tenido una rotura de *stock* de monedas de 1, 2 y 5 céntimos. La causa está en el extraordinario número de ciudadanos europeos que las suelen guardar en huchas caseras o las pierden en el fondo de los cajones de la mesilla de noche. La solución: suprimirlas, y así los comercios redondearán por fin todos los precios.

## 32

## ¿Y si te enamoras de tu caja?

¿A que te pegas la gran vida detrás de la caja? ¿Tú y la caja ya sois una única cosa? ¿Tus ademanes ya son automáticos, lo haces todo sin pensar, ya no temes ni esperas nada? ¡Mucho cuidado! ¡Te amenaza un grave peligro! Es justo el momento en que la dirección decide enviarte a la caja de la gasolinera para sustituir a una compañera enferma. ¡Ay, hola otra vez, pánico! Prepárate porque allí te volverás a sentir absolutamente perdida y desamparada.

Para que el susto no sea tan grande y para prepararte psicológicamente, analiza conmigo las pruebas más importantes a las que te verás sometida.

Se trata de una caja con un tipo de movimiento completamente diferente, en la que hay clientes que te quieren comprar bombonas de butano, otros que se quejan de que el surtidor de gasolina no funciona, otros que tocan el claxon exasperadamente, como enfermos mentales, porque les parece que vas muy despacio, otros que te intoxican con los gases de sus tubos de escape... Lo más importante: no trates de mostrar una cortesía ilimitada con los clientes de esta caja, es lo que más detestan los automovilistas.

Cliente 1 – Cajera 0.

¿Ya te has puesto a temblar? Pues esto está muy lejos de haber terminado, amiga. Vas a ser testigo de escenas dignas de una película de catástrofes. Para muestra, un botón:

—Ese día todo funcionaba bien, con tranquilidad, pero la llegada en tromba de aquel joven lo alteró todo por completo. Ese chico llegó corriendo a toda velocidad, como alma que lleva el diablo, y frenó en seco junto a los surtidores. Una vez allí se agachó, cogió un extintor...

—¡Eh, que piensa robarlo!

Incrédula, me levanté de un salto. El joven se dio cuenta de mi alarma.

Reaccionó deteniéndose bruscamente, y lanzando su dedo índice en una dirección. Miré hacia allí y comprobé horrorizada que, justo en donde están los montones de bombonas de butano (no hay ningún lugar más adecuado para ponerlas que en la gasolinera) hay un coche detenido, con el capó abierto, y unas llamas muy visibles cuyas lenguas emergían peligrosamente del motor.

¡Pánico total! Lo único que se me ocurrió en aquel momento fue llamar a seguridad. Evidentemente, para cuando ellos llegaron el joven había logrado sofocar las llamas de su coche y evitado el riesgo de incendio y hecatombe.

Durante todo el rato, los clientes no dejaron de llenar sus depósitos...

Cliente 2 – Cajera 0.

Bueno, tú tranquila, porque tendrás ocasión de ver espectáculos trepidantes (robos, frenazos...), escenas violentas (un par de conductores que la emprenden a puñetazos porque ninguno de los dos ha querido cederle el paso al otro...).

Cliente 3 – Cajera 0.

La única consigna válida para el momento en el que se produce alguna de estas escenas: no hay que ceder ante el pánico y recuerda avisar lo antes posible a seguridad (y si en presencia de uno de los habituales combates de boxeo te sientes como el árbitro y decides contar los puntos, hazlo con discreción).

Y reza para que no te envíen a la gasolinera en sustitución de alguna compañera en días como la víspera de una «operación salida» de vacaciones o de un puente largo. Corres el riesgo de no recuperarte jamás de la experiencia. Entre los surtidores que funcionan y los que se atascan, el ruido de los motores, los niños que aúllan en el interior de los coches, los insultos mutuos de los clientes que arden en deseos que lanzarse a recorrer quinientos kilómetros de carretera, este va a ser un combate desigual y muy difícil.

Cliente 4 - Cajera 0.

Así es, la vida de una cajera rebosa de accidentes e imprevistos. Por lo tanto, hazme caso: no te duermas en los laureles. Hay que estar siempre alerta.

En la gasolinera, sin embargo, no todo son desventajas. A tu favor tienes el hecho de contar con un lavabo personal (con puerta) y a un metro y medio de tu puesto (aunque la cisterna pierde agua y los aromas son de lo más intensos). ¡Ah, la vida es bella!

Cliente 4 – Cajera 1.

Alégrate, sin embargo: si sobrevives una experiencia así, podrás contarles a tus amistades montones de anécdotas y, sobre todo, cuando por fin te manden de vuelta a tu caja de la tienda, tendrás la sensación de haber regresado al paraíso. Los insultos, los forcejeos, los bocinazos y los frenazos se convertirán en recuerdos lejanos.

Observación adicional: te aconsejo que te abstengas de leer los párrafos siguientes, sobre todo si estás pasando una de esas épocas en las que tu sistema nervioso se muestra algo quebradizo. Pero me siento obligada a escribirlos impulsada por mi deontología profesional. Tendría la sensación de estar siendo profundamente deshonesta si callara... las otras sorpresas, no todas agradables, que te aguardan cuando te envíen a puestos apartados de tu caja habitual.

No olvides que el puesto de cajera significa que te pueden asignar a trabajos como:

*Azafata de recepción*: un puesto en la recepción de la gran superficie no resulta tan complicado como pudiera parecer a primera vista. Se trata, simplemente, de tener un montón de buenos argumentos para ir cerrándoles el pico sucesivamente a todos esos compradores que acuden a tu mostrador para quejarse del trato que les ha dado una de tus colegas, esa se ha negado a facilitarles una bolsa de plástico, o los que vienen a lamentar que el volumen de la música esté demasiado fuerte, que los precios son muy elevados, que la sección de charcutería no está señalizada adecuadamente y que no tiene suficiente variedad de productos (faltan latas de callos a la sigüenzana), que hay demasiada gente en la tienda... Ya lo ves, no es muy complicado. Por supuesto, en esa posición tendrás que dominar a la perfección todas las sutilezas del reembolso del dinero si el producto no ha satisfecho las expectativas del cliente y conocer de memoria los datos necesarios para conceder una tarjeta de cliente. Es un juego de niños... sobre todo cuando llevas un montón de semanas trabajando en ese mostrador y no has perdido tu sonrisa todavía. Es decir, si todo va bien y no hay problemas graves.

*Azafata de venta a crédito*: en el mostrador de crédito... Me falta el valor necesario para decirte lo que te espera en esta sección... Por decirlo pronto y mal, en este departamento tienes que dominar el arte de conseguir que los clientes se endeuden. Si algún día logras convertirte en una maestra de la técnica, te sentirás invadida por un sentimiento íntimo de orgullo que te acompañará durante el resto de tu vida. Tendrás casi la sensación de haberte convertido en banquera.

*Azafata de la caja central*: trabajar en la caja central supone un enorme privilegio. Apenas tienes contacto con la clientela y trabajas detrás de un cristal grueso con efecto espejo. Es decir que desde tu puesto de trabajo ves a todo el mundo, pero nadie te ve a ti. ¡Qué felicidad! Es cierto que tendrás que soportar algunos inconvenientes: contestar las llamadas de teléfono, controlar el recuento de efectivo de todas las cajeras, utilizar el ordenador para ser capaz de encontrar rápidamente el código de barras de los artículos que lo han perdido, preparar los complicados *plannings* y horarios de todo el mundo, y ser capaz de contestar cualquier pregunta en apenas tres segundos. No todo el mundo ha nacido para un trabajo así, es cierto. Sobre todo si se cuelga el sistema y el ordenador deja de funcionar de repente... Por otro lado, ya se sabe que el sistema no se cuelga nunca. Bueno, casi nunca...

*Azafata de cultura y/o multimedia*: ¡qué suerte trabajar en las secciones de cultura y/o multimedia! La mejor noticia es que no todas las grandes superficies tienen esta sección. La segunda buena noticia al respecto: cuando en la tienda donde trabajas sí existe esa sección, los clientes suelen ser simpatiquísimos (casi siempre te saludan, y te sonríen) y en ocasiones hasta te piden algún consejo. No hay por qué asustarse. Solamente se trata de asesorarles y, por ejemplo, decirles si el último trabajo de Beyoncé es mejor que el último de Madonna. Si la última peli de Bruce Willis es más buena que la nueva entrega de Harry Potter, o si la última novela de Harry Potter es mejor que el último Premio Planeta. Es verdad que esto de dar consejos es justamente lo contrario de lo que ha de hacer una cajera, y hace falta mucho valor, mucho tiempo y mucha movilización de neuronas para tener alguna información y haber escuchado, visto o leído apenas un par de las docenas de novedades de cada tipo que invaden vuestros anaqueles... Pero si tienes tiempo para todo eso te vas a entretener mucho, te sentirás eufórica de haber aprendido tanto, y hasta acabarás lamentando un poco menos el haber tenido que abandonar tu puesto en la caja.

He aquí una lista casi completa de las trampas y peligros que acechan tu vida si has de dejar tu caja para ir a ocupar alguno de esos otros puestos en sustitución de una colega. Trata de mantener siempre la sangre fría. Y no te preocupes más de la cuenta. En realidad, tendría que haberte avisado antes de hacer todo este recorrido. Vaya, ¡qué despiste el mío! Estos puestos se adjudican a cajeras que lo han solicitado previamente y que demuestran estar supermotivadas para desempeñarlos. La dirección de cada gran superficie envía a estos lugares especiales solo a las mejores (a las que tienen un título universitario, a las que aparecen de forma regular como la número uno en la clasificación de cajeras... Bueno, o a las que no salen nunca en ese cuadro de honor. Porque, de hecho, todo depende de la buena voluntad y el capricho del responsable).

Sin embargo, existe otra clase de promoción laboral interna, aunque sea por lo general efímera. Si tienes un poquito de suerte y posees la competencia adecuada (una competencia personal que la tienda en la que trabajas puede decidir de repente reconocerte y utilizar), de hecho puedes llegar a cambiar de puesto. Puedes pasar a ocuparte de una sección, o trabajar en las oficinas como administrativa cada vez que uno de los empleados ha de ser sustituido por una semana o un mes o periodos más largos (por accidente, baja de maternidad, enfermedad de larga duración...). Si te eligen para desempeñar uno de estos trabajos, sentirás una profunda alegría porque dejarás la caja y podrás dedicarte una temporada a hacer una cosa específica que te gusta. Pero tampoco aquí hay que dormirse en los laureles.

Porque en cuanto la persona sustituida regrese, tú volverás a tu caja de siempre...

Como decía, se trata de sustituciones que duran a lo sumo unos meses. La realidad es que menos del cinco por ciento de las cajeras que son enviadas a realizar una de estas sustituciones terminan siendo ascendidas a un puesto de mayor relevancia de forma permanente (porque, en efecto, las probabilidades de promoción de una cajera dentro de la misma empresa son prácticamente igual a cero... ¡Solo faltaría que te dieran responsabilidades mayores!). Y no tendrás nunca motivo para sentirte celosa; las pocas cajeras que dan ese salto hacia arriba en el escalafón, ni cobran mejor sueldo que tú ni cambiarán de estatuto laboral aunque cambien de función. En su hoja salarial seguirá figurando la categoría de «azafata de caja». Y si, mientras se han dedicado a realizar la sustitución, estas afortunadas te han mirado un poco por encima del hombro, cuando vuelvan a ocupar su puesto detrás de una caja volverán a ser la cajera que siempre había sido.

Así que ya puedes respirar tranquila, que las cosas no son tan graves. ¿Y el puesto en la gasolinera? Esa es la única amenaza que pende siempre sobre tu cabeza, por mucho que jamás hayas solicitado ese puesto. Así que, mucho cuidadito, y permanece atenta.

Por cierto, ¿os he hablado ya de las cajas automáticas que algún día nos sustituirán a todas? Serán sin duda más rentables que la cajera peor pagada. Pero ya hablaremos de eso, ya...

## 33

### *Game over*

¿Llevas unas cuantas horas trabajando sin parar? ¿Notas que te está invadiendo una enorme sensación de fatiga? ¡Cuidado! Estás a punto de sufrir un «Breve ataque de *biiip*», que es uno de los grandes momentos de tu jornada laboral.

Relájate y sumérgete en este momento en el que parece que te hayan arrancado de la realidad.

El supermercado está invadido por una muchedumbre infinita. Los carritos de la compra, cada vez más numerosos, cruzan y entrecruzan sus caminos, gimen y chirrían sus ruedecitas. A tu alrededor hay un incesante ir y venir de clientes apresurados. Los altavoces vomitan a voz en grito las más recientes promociones y la música de fondo ha terminado siendo obsesiva.

El estruendo ambiental es cada vez más intenso. Está a punto de alcanzar el umbral máximo de lo soportable. Un grado más, y se habrá cruzado la frontera.

El camino que conduce a la otra dimensión lo abrirán los chillidos de un crío. A partir de este instante mismo, y durante sesenta segundos, el universo entero basculará sobre su eje invisible y entrará en otra dimensión.

El blablablá, la música, el estruendo... en fin, todo cesa de golpe.

Los clientes, las compañeras, la gran superficie... todo desaparece.

No queda más que el *biiip* de tu caja, un *biiip* que responde como un eco al *biiip* de la caja vecina. De repente, tienes la sensación de que ha empezado un partido, como si una pelota virtual saliera disparada de tu caja a la vecina y volviese a igual velocidad. ¡Estás jugando al pimpón!

Pero apenas termina este partido endiablado cuando al instante siguiente comienza, sin una pausa siquiera, una partida de Arkanoide, el famoso juego de consola: tus balas contra la pared de ladrillos. Tus manos están a los mandos y lanzan a enorme velocidad las balas, que son los artículos de la tienda. Tienes que actuar con la máxima precisión para evitar que se cuelen por un agujero negro, y has de disparar de un lado a otro del estrecho recinto de la caja para que tus balas reboten contra otros productos. Si llegas a vivir esta partida de Arkanoide, ándate con cuidado, habrá una bala enemiga (¡mucho ojo, algunos de los clientes están jugando contra ti!), tan fulgurante como eficaz... De todas formas, aguantas bien, el nivel de dificultad no es insuperable, ¡incluso te resulta fácil! Ningún problema, a no ser que el enemigo crezca y los ladrillos se sumen unos a otros hasta convertirse en un muro gigantesco en tres dimensiones que amenaza con sepultarte...

Hasta que finalmente aparece el *Superboss*, el monstruo terrible del último nivel, la parte más difícil del juego, y que se presenta inevitablemente a la hora de echar las cuentas y cobrar. Ahí tienes que ser muy rápida, amiga mía. Para derrotarle tendrás que echar mano del pago mediante la tarjeta de cliente, el medio preferido por el *Superboss*, y rematar la faena con un «*Adiosgraciasmuybuenosdías*», que acompañarás de una sonrisa deslumbrante. Pero que no te abandone la desconfianza, hay *Superboss* que tienen armas secretas como «tarjeta ilegible»...

Han transcurrido apenas sesenta segundos y silencio enguatado deja paso de nuevo al estruendo habitual.

Acabas de vivir lo que yo llamo el «Breve ataque de *biiip*», un síndrome frecuente entre las cajeras. Se presenta por lo general una vez superada la marca del *biiip* número seis mil de la jornada. Puede producir emocionantes partidas virtuales como la que os he descrito, o formas más sencillas de la misma sintomatología, como cuando te sientes convertida en un auténtico comecocos o caza fantasmas. Se presenta cuando te has «comido» el artículo número tres mil de tu jornada laboral.

## 34

## ¿Código de barras? ¿Ha dicho usted código de barras?

¿Quien ha dicho que el trabajo de cajera es monótono? Será porque se habrá olvidado ya de los clientes. Gracias a ellos, los días se suceden unos a otros, pero no se parecen en absoluto y no dejarán de sorprenderte.

Como ese caballero, por ejemplo, que se presenta ante mi caja sin nada de nada, sin un artículo, y solo con una lista en la mano. Me la entrega y entonces observo que ha tomado nota escrupulosamente de las trece cifras de los códigos de barras de todos los artículos que desea comprar (unos veinte). Genial, pienso por dentro, un cliente que se adelanta a su época, un hombre del futuro. Ya, pero ¿y ahora qué? ¿Qué espera? ¿Que mientras yo escaneo los códigos de barras otro empleado le lleve el pedido a su coche? ¿O quiere a lo mejor que se lo entreguen a domicilio? ¿O ha decidido generalizar la advertencia que se hace a los clientes, que dice que los artículos de tamaño muy grande «les serán entregados en la caja central»? Imposible saberlo, porque, después de enfadarse conmigo por negarme a pasar por caja todos esos códigos, su única respuesta, muy furiosa, es:

—No sé por qué se niega usted. Siempre lo hago así...

¡Vaya! ¡No me diga! Siento mucho no ser una empleada de un cibersupermercado.

Si ya existe alguna, dame la dirección. Propondré que se popularice este nuevo sistema. Desde luego, es mucho más cómodo llevar una hoja de papel con una lista de productos que levantar el *pack* familiar de botellas de litro de cerveza.

Y para que no seas tan tonta como una cajera, te explicaré el significado de las cifras que aparecen debajo de cada una de las barras negras de los códigos. El estándar de todos ellos es de trece cifras (para objetos de tamaño muy pequeño, basta con ocho). Las dos o tres primeras cifras son el indicador del país en el que la empresa tiene su sede social. A continuación vienen las cifras que expresan la familia, la marca del producto y demás informaciones necesarias para codificar ese artículo. El código de barras es un indicador único para cada tipo de producto. ¿Verdad que a partir de este momento no volverás a escanear un código de barras de la misma manera que lo hacías hasta ahora?

## 35

# Qué raro, es muy pegajoso

Que nadie descarte la posibilidad de llegar a conocer un buen día a un sujeto como el que viene a continuación.

La verdad es que a simple vista parece muy simpático. Me ha dado los buenos días e incluso me ha sonreído. Además, ha colocado muy ordenadamente en la cinta los productos que va a comprar.

¡Y trae exactamente 10!

Escaneo los *packs* de yogures, la botella de vino, el sobre con el jamón de york, el queso, la bolsa de patatas fritas... y de repente noto en mis dedos algo pegajoso.

«Qué extraño, no trae ningún bote de mermelada ni de miel... nada que pueda haber soltado una cosa tan pegajosa...», pienso para mí.

Después de haber pasado el último artículo, siento curiosidad, miro más de cerca las yemas de mis dedos. Noto enganchada en ellas cierta materia inclasificable. Me estremezco un poquito, y miro todavía más de cerca. No consigo todavía identificar qué es. Estiro esa cosa, que es elástica y no se ha despegado del dedo.

Hasta que de repente lo comprendo: ¡Es un moco!

Vaya con el cliente, tan simpático y cariñoso, ¡tanto, que le ha regalado a la cajera una parte de sí mismo! Pero ¿por qué no ha comprado un paquete de *klínex* en lugar de la bolsa de patatas? ¡Marrano!

Y lo que cuesta luego limpiarme esa porquería. ¡Vaya pringue!

## 36

## Clientes borrachos

Jamás dejará de sorprenderte el cliente que llega a la tienda con una merluza de campeonato. Es ingenioso e imaginativo como pocos, y sabe muy bien cómo cautivarte.

Este, por ejemplo, tan simpático él, que llega a la caja y te pide un sacacorchos para abrir allí mismo la botella que acaba de adquirir.

Y el que se enamora perdidamente de la primera clienta con la que se cruza al salir de un pasillo, y que la persigue lanzándole requiebros por toda la tienda, con el *pack* de latas de cerveza en una mano, y una lata ya abierta en la otra.

El que se cree papá Noël, y se pone a regalar a los clientes los productos de la gran superficie con una generosidad digna de mejores causas.

El que vacía, bebiendo directamente del gollete, una botella de ginebra en el pasillo de las bebidas alcohólicas, y sin combinarla con tónica, porque la sección de refrescos está demasiado lejos...

El que se queda prendado de tu bella figura de cajera y que, armado de su botella de cerveza abierta, te lanza una declaración de amor platónico salpicada de hipidos y aromatizada con las llamaradas de un aliento tan espeso que podrías cortarlo con un cuchillo.

Y el que lleva semejante merluza que te preguntas al verle cómo ha sido capaz de encontrar el camino hasta el supermercado y, una vez en su interior, qué ha podido guiarle (un sexto sentido, sin duda) hasta la sección de bebidas alcohólicas. Ha llegado hasta aquí, pero lo que le queda de trayecto parece resultarle extremadamente difícil. No sabe cómo, pero el carrito que ha cogido resulta ser un Ferrari, ha salido corriendo por su cuenta hasta que comprueba que en mitad de su camino se ha interpuesto (¡horror de los horrores!) un *pack* de botellas de agua mineral. Después de sortearlo milagrosamente, el carro le conduce de frente hacia una montaña de *packs* familiares de papel higiénico (¡mantén la sangre fría, amigo!, se va diciendo, mientras se pregunta ¿por qué se les habrá ocurrido imitar con ellos la Torre Inclinada de Pisa?)... Él y su carro acaban derrumbando el famoso monumento, cuyas piezas caen al suelo en tromba...

Muy duro, sí, esto de tener sed.

# 37

## Derramamiento de sangre

A lo mejor te has creído que, a pesar de los insultos y malos modos, en el fondo trabajas en un lugar civilizado. Si todavía piensas así, desengáñate. Trabajar en una gran superficie permite conocer muy bien al conjunto de una sociedad, y efectivamente es así: lo conoces todo, incluso sus defectos.

Se oyen gritos.

Ves una carrera, mejor dicho una persecución, por la zona de tiendas situadas delante de la hilera de cajas.

Un segurata y un hombre comienzan a intercambiar puñetazos.

Se detienen a contemplar el espectáculo los primeros curiosos. Y, muy quitecitos y sin intervenir, se dedican a mirar.

El hombre parece calmarse. El agente uniformado de seguridad le ha sujetado por un brazo.

Dan juntos algunos pasos.

De repente, se reanudan los puñetazos.

La escena inesperada ha ido congregando más espectadores, que se amontonan alrededor de los púgiles.

La pelea es cada vez más violenta, los golpes cada vez más fuertes.

La gente ha formado un círculo alrededor y ocupa en toda su amplitud el pasillo de las tiendas.

Se mezclan hombres, mujeres, niños y carritos de la compra.

Al cabo de un rato acaban apareciendo otros tres guardias de seguridad, dispuestos a detener al loco furioso.

Curiosidad. Cuántos mirones.

Y si hay sangre derramada, más interesante es el espectáculo para la gente que lo mira.

¡Fantástico! De la nariz de uno de los seguratas empieza a manar un líquido rojizo.

Es la pimienta que le faltaba a la anécdota, que los testigos contarán más tarde, cuando lleguen al bar y se reúnan con los amigos.

El conjunto de los combatientes y los curiosos se va desplazando a lo largo del pasillo. Los seguratas tratan de llevar al tipo violento hacia un lugar más tranquilo. Logran a empujones hacerle avanzar algunos pasos. Hasta que la pelea vuelve a estallar.

¿Quién es el culpable? ¿Quién es la víctima?

Cuatro hombres han librado un combate muy violento. A su alrededor, más de una treintena de mirones han visto la escena sin que a ninguno se le haya ocurrido intervenir y pacificarles. Docenas de empleados se han quedado boquiabiertos, pero ninguno ha dado un solo paso.

Es como cuando se produce un accidente en la vía pública. Todo el mundo se queda mirando, nadie (o casi nadie) actúa.

La pelea termina cuando llega la policía, que se lleva esposado al cliente provocador.

Una vez termina el espectáculo, y cuando hasta el último de los curiosos se ha ido a hacer sus compras, llena su cabeza de imágenes sensacionales, únicamente queda en el escenario una persona de mantenimiento que borra las manchas de sangre con su fregona. Eran los últimos vestigios de un combate sin reglas en un ring improvisado.

Ha concluido por fin un momento absurdo.

Un momento durante el cual los seres humanos han dejado que interviniera solo su instinto.

Tú, por tu parte, te has quedado quitecita en tu caja: te está prohibido intervenir.

## 38

## Yo acuso

Cuando aceptaste el empleo de cajera creíste que, aparte de aprender tu maravilloso oficio, no ibas a aprender absolutamente nada más. Qué pesimista eres, hija mía. En realidad, la caja es uno de los lugares de trabajo más envidiables si pretendes captar en toda su inmensa amplitud la estupidez humana. Y, en efecto, si te fijas bien comprenderás que no tiene límites. Unas pocas muestras bastarán para hacerte reflexionar.

Es sábado y son aproximadamente las 8.30 h de la tarde. Has pasado por caja todas las compras de unos trescientos cincuenta o cuatrocientos clientes: ha sido una jornada provechosa. En su mayor parte, los clientes se han mostrado correctos y algunos incluso muy simpáticos (por ejemplo, aunque estaban hablando por el móvil, te han dirigido la palabra). Tus oídos empiezan a funcionar otra vez con normalidad. El animador contratado especialmente para el «Día de la Cerveza» ha callado por completo hace algunos minutos. La cinta de tu caja está como nueva. La has limpiado, la has frotado amorosamente. Has cerrado ya la bolsa de la basura. No queda ni un papelito a tu alrededor, ni una sola patata frita suelta por ahí. La tienda se ha vaciado casi por completo. No te queda más que ir con tu cajón del cambio a la caja central, animada por el orgullo de la trabajadora eficiente. Y para festejar tantas maravillas, tarareas tu canción preferida (o bien otra, en caso de que tu preferida fuese la que ha sonado unas ochenta veces por los altavoces).

Cuando, de repente, desembarcan ante tu caja un par de tipos con tres botellas de cerveza debajo del brazo:

Cajera (amablemente):

—Ya he cerrado, señores. Tendrán que dirigirse a otra caja. Miren, allí hay una en la que no hay nadie ahora mismo, y sigue abierta (y la cajera señala con su índice una caja muy próxima).

Tipo 1 (uno de esos que no son amables precisamente):

—Venga, mujer. Cóbranos, qué más te da. ¡Si solo llevamos tres botellas! ¡Y es la Fiesta de la Cerveza, joder!

Cajera (firme, pero diciéndose por dentro que no debería haber hecho una limpieza tan a fondo de la caja):

—Lo siento muchísimo, pero la caja ya está cerrada.

Tipo 1

—¡Mira: te doy un euro de propina y me cobras las tres botellas!

Cajera (manteniendo su firmeza, pero empezando a confiar en que algún segurata asome la nariz cerca de allí):

—Muchas gracias, pero no puedo. Ya la he cerrado.

Tipo 2 (amabilísimo):

—Pero ¿de qué vas? Las cajeras sois como las putas, nena, nunca decís que no si os ofrecen una propina... ¡Venga ya, cojones, cóbranos las botellas de una vez!

Es precisamente en este momento cuando la cajera piensa que no le iría mal parecerse a Schwarzenegger y tener la fuerza suficiente para agarrar las cabezas de este par de descerebrados y golpearlas la una contra la otra (dos veces) y después cada una contra la caja, y sin dejar de desearles: «¡Y que disfrutéis con vuestra fiesta de la cerveza, gilipollas!» Siempre queda el recurso de soñar.

Y como la desfachatez sigue pululando por el mundo a raudales, un consejo para no desmoralizarse: cómprate un *punching ball* (ya te lo he dicho antes).

# 39

## ¿Le importa ir a la caja siguiente?

¿Es posible torear a un cliente, pero sin saltarse las normas?

Esta clase de operaciones exigen una configuración un poco especial. Pongamos un ejemplo. Estás a punto de abrir tu caja pero has tenido que salir en busca de una silla libre (pero, hombre ¿otra vez?); hay una compañera, situada un par de cajas más allá, que está a punto de instalarse (y que tiene la suerte de haber encontrado la silla en su sitio); y entre las dos hay una caja vacía y cerrada (y que no tiene silla).

El cliente, de bastante mal humor, llega a la caja de tu compañera. Ella no se ha instalado todavía (es un poco gandula) así que te envía el cliente a ti. Primer suspiro. El cliente no se fija bien (sigues buscando una silla) y cree que ocupas la caja situada justo al lado de la de tu colega. Se instala allí y se dispone a esperarte. Segundo suspiro. Regresas (por fin) con tu silla pero pasas de largo sin fijarte en él, mientras que él, que está de espaldas a ti, tampoco te ha visto.

Dos clientes más que estaban al acecho y te han visto pasar con tu silla, se lanzan al asalto de tu caja. Justo en ese momento tu compañera, la que está situada dos cajas más allá, advierte al cliente (ese que estaba esperando en la caja vacía, y que había llegado antes que nadie) de que ya estás en tu sitio, pero que no estás donde él aguarda, sino en la caja siguiente. Tercer y profundo suspiro, acompañado de estas palabras: «¡Podría haberme avisado de que no estaba en esta caja!» Y cuarto suspiro. Este cliente, algo cansado y muy molesto se dirige hacia tu caja, a la que está llegando un tercer cliente. Quinto suspiro. Comienzas a escanear los artículos del cliente que estaba en primer lugar. El cliente número uno suelta el sexto, el séptimo y el octavo suspiro.

Tu compañera te dice por señas que ya está abierta (perdón, que ya ha abierto su caja). Entonces anuncias: «Mi compañera acaba de abrir. Puede ir usted a su caja.»

Decimoquinto suspiro del cliente, que suelta unos ruidos incomprensibles, abandona su cesta de la compra, y se larga. Pobrecillo. ¡Vaya pandilla de desorganizadas que son las cajeras!

Pero mañana volveremos a jugar al mismo juego. Lo prometo.

# 40

## Bueno, pero ¿funciona o no funciona? Los seis pasos para establecer un precio

Estás todavía a prueba. Quieres a toda costa que te contraten. Y este sábado por la mañana, cuando te has levantado, te has jurado a ti misma que ibas a ser la cajera más rentable del día. Esta noche, al terminar la jornada, tu número (sí, tu número y no tu nombre, las cosas siguen siendo así), centelleará triunfante en la caja central. ¡Qué reto tan fantástico! (Permíteme que te recuerde, querida amiga, que la dirección del centro no va a compensarte, ni siquiera con un triste céntimo, como premio por tu éxito.)

Hace una hora que trabajas, llevas un ritmo bastante bueno. Decides acelerarlo un poco más, cuando de repente suena un ¡¡*biiip*!!!

Y en la pantallita de tu caja aparece el rótulo «producto inexistente». Bien, es fácil de comprender y ya sabes que eso significa que el artículo que escaneabas no ha podido ser leído. Eso supone que, hasta que no te enteres de cuál es su precio, te vas a quedar paralizada.

No hay que asustarse.

Primer paso: teclea las cifras del código de barras. ¿Sigue sin pasar nada? Es normal, tenías solo un uno por ciento de probabilidades de que este método resolviera el problema. (Así y todo, valía la pena probarlo.)

Respira hondo.

Paso número dos: telefonea a la caja central. ¿La línea está ocupada? No hay modo de que descuelguen, pero ármate de paciencia, sonríe al cliente, aunque parezca comenzar a impacientarse.

... por fin, ¡alguien ha descolgado!

Cajera

—Oye, dame el precio del papel higiénico extra suave marca El Trébol, de tres capas, es que el código no...

Caja central (sin dejarte terminar...):

—Ya te envío a alguien.

Te armas nuevamente de paciencia (sí, sí, ya sé que no tiene ninguna gracia), y miras a tu cliente (que ha empezado a enrojecer de furia), le explicas que serán solo unos segundos más de espera, y al que está detrás de él le aconsejas que vaya a otra caja (de lo contrario, también ese cliente enrojecerá y resoplará y acabará vociferando en cuestión de aproximadamente treinta segundos).

Y empieza el paso número 3... Han transcurrido unos cinco minutos largos, llega la persona enviada por la caja central a colaborar contigo en la cacería del precio (tras haberse hecho esperar muchísimo, pero no puedes echárselo en cara porque sabes perfectamente que tiene que atender un total de treinta cajas). Arrojas al instante entre sus brazos el enorme paquete de papel higiénico extra suave de tres capas. El chico que han enviado (es un novato) te pregunta a qué pasillo tiene que ir a preguntar. ¡Ya te vale, tío! Todavía no has encontrado la solución. Se te ocurre pedirle al cliente que le eche una mano, pero en cuanto le miras abandonas la idea. Está de un rojo encendido. Y el chico que se va a preguntar.

Sin esperar ni un instante, avanzas hacia el paso número 4: has de entretener al cliente con todas tus habilidades, para que se calme y para que no te deje plantada con todas sus compras. Le cuentas unas cuantas anécdotas. Si hace falta, puedes utilizar toda la artillería pesada que está a tu disposición: «Tengo un minibar debajo de la caja, ¿quiere un refresco?»

El cliente sonríe, ha surtido efecto.

El chico que han mandado a ayudarte ya está de regreso, y te facilita el precio. El cliente también se ha dado cuenta, ha pasado lo peor. ¡Increíble! Dentro de la desgracia, no has salido mal parada.

Rápido, paso número 5: llama otra vez a la caja central para que registren el artículo, con su código de barras y su precio, en el ordenador central. ¡Vaya, resulta que ahora mismo se les ha colgado el sistema! No permitas que esto te hunda, sabes que solo falta tener «unos pocos» segundos más de paciencia. Y sonríe, el cliente no tiene la culpa.

Paso número 6... al cabo de nueve minutos: ¡*bip*! Ya está, el escáner ha podido leer el artículo.

¿Qué ocurre? ¿Resulta que has perdido un cuarto de hora y nueve clientes? Tu puesto número uno al final de la jornada se te ha escapado de entre los dedos. Pero tampoco es tan grave, serás la primera el sábado próximo. Aunque también te queda un recurso, sáltate la pausa y trabaja sin parar.

Vaya, la que faltaba. Resulta que ahora llega una de esas clientas que trae montones de vales de descuento de la semana pasada, ¡y ha elegido tu caja! Desde luego, no es tu día de suerte.

# 41

## ¡Al ataque, consumidores! ¡Llegaron las rebajas!

Primer día de rebajas: un acontecimiento crucial en la vida del consumidor bien informado, y que no se saltaría por nada del mundo. Para la cajera (incluso si está harta de su oficio), es una nueva ocasión para disfrutar de su puesto de trabajo en lugar de estar pasando sus vacaciones en una isla desierta.

8 horas 25 minutos: las parejas especialistas en la hora de apertura de la tienda, los sobrexcitados de todas las mañanas, los clientes «vivan las oportunidades» y todos los demás, se cuentan por docenas en esa mañana especial. No hay nada en la vida más parecido al día en que el gobierno acaba de declarar la guerra o, si eres aficionada a las películas de terror, al momento en que acaba de llegar a la tierra una invasión de zombies.

Hoy no habrá productos suficientes para todo el mundo así que, ¡a por ellos! ¡Sin piedad! La gente se lanza miradas asesinas sin el menor escrúpulo, todos se empujan los unos a los otros, se pisotean incluso si alguno cae por el camino (¡Mucho cuidado donde pisas! ¡Eh, señora, que esto es mi pie!), se insultan (¡que yo estaba primero, ladrón!), se gruñen mutuamente (¿alguien ha traído un perro muy ladrador?), utilizan el carrito de la compra como si se tratara de un carro de combate, y si sus golpes dejan víctimas por el camino, mejor que mejor, menos competencia...

8 horas 55 minutos: llegas a tu caja, empiezas un bostezo y lo interrumpes a la mitad. Observas atemorizada a los encarnizados clientes. Prepárate psicológicamente para defenderte de su orgía consumista. Menuda jornada te espera.

9 horas: han soltado a las fieras. ¡Que gane el mejor (ganará el más feroz)!

Lo primero, todos corriendo a la sección de alta tecnología, en donde piensan comprar por un ventajoso «miniprecio» un televisor gigante de pantalla de plasma. Los que el día anterior han estado estudiando las ofertas suelen llevarse la mejor presa.

¿Que esta supertele es demasiado grande y pesada?

—No importa. Cariño, siéntate encima de la caja mientras voy a pagar. ¡Y si alguien intenta quitártela, pégale un mordisco y defiéndete a patadas si es necesario!

También los lectores de DVD van buscadísimos en esos primeros minutos.

—¿30 euros? ¡Superofertaza! Me quedo los tres que quedan.

—Espera, no tienen mando a distancia. Y sin mando será imposible navegar por los menús...

—Y qué más da, ¡a este precio! ¡Sigue siendo una ganga!

Hay mucha gente también en la sección de ropa. Después de que los empleados del departamento lo dejaran todo muy dobladito y bien ordenado la noche anterior, en cuestión de minutos la zona entera se ha convertido en un auténtico campo de batalla.

¿Qué una clienta ha visto el vestido de su vida? Se lo ha arrancado de las manos a una chica que acababa de sacarlo de la percha para verlo bien, y de paso tira al suelo una pila de jerseys. Qué más da, es el vestido de su vida. Con el vestido bien sujeto bajo el brazo, y una sonrisa ancha de ganadora, la clienta recorre ahora el resto del pasillo, ojo avizor. Y, de repente, ¿a que no sabes lo que acaba de ver delante de sus narices, unos metros más allá? ¡El verdadero y auténtico vestido de su vida, que no es el mismo que lleva bajo el brazo! Entonces, ¿qué hacer? Lo que hace esta clienta es tirar al suelo, como si fuese un trapo sucio, el anterior vestido de su vida, y abalanzarse sobre el nuevo. Las empleadas cobran para recoger las cosas del suelo y ordenar las prendas desordenadas, ellas se encargarán. Y nuestra clienta agarra con ambas manos su nuevo vestido de su vida.

¿Que la talla le viene un poco pequeña?

—¡Qué más da! ¡Mañana me pongo a régimen!

Un poco más allá, otra clienta acaba de hacerse con los calcetines de lana de su vida. Son de color verde, con un estampado de unos preciosos pulpos que extienden sus tentáculos rojos.

¿Es un calcetín solitario, sin su pareja?

—Bueno, es igual, revolveré la sección entera hasta encontrar el otro calcetín. Y si para ello tiro por los suelos casi todo el departamento de calcetines, mala suerte. Así será más fácil para el resto de clientes elegir lo que buscan. ¿Qué acabarán pisando los calcetines? Y a mí qué me importa. La tienda no es mía.

9 horas 10 minutos. Ahora te toca a ti, querida cajera. Vive con emoción el paso por la caja de los primeros compradores compulsivos. Te sorprenderás (y a estas alturas no debería sorprenderte nada) viendo la enorme cantidad de cosas diversas y estrafalarias que venden en la gran superficie donde trabajas. Su existencia misma era algo que hasta ahora ignorabas, y eso que hace ya unos cuantos años que trabajas aquí. Estás presenciando el desfile de los objetos no vendidos e invendibles, inútiles e inutilizables.

Ha empezado el vals de los saldos.

En ocasiones, un breve relámpago de lucidez (en realidad, ¿me servirá de algo este trasto?) o un instante de mala conciencia (tengo un descubierto de ochocientos euros en el banco, como me lleve esto...), o ambas cosas a la vez, hacen que algunos clientes renuncien, en el último momento, a llevarse algunas supergangas. De manera que tienes que estar preparada y no soltar un respingo cuando veas, junto a los expositores de chicles y pilas alcalinas estratégicamente situados junto a tu caja, cosas tan dispares como un barómetro en forma de pastel de cumpleaños, un despertador solar (sin pilas), unas zapatillas del número 55 en forma de vaca (con ubres proporcionadas), unas bragas del estilo de las que usaba tu tatarabuela, dos palas de albañil sin mango... Cuando termine tu jornada laboral tendrás que ir a devolver cada uno de estos artículos a su sección correspondiente, dejándolos preparados para la siguiente jornada de rebajas. Unos largos paseos que te irán la mar de bien para reducir la tensión y el dolor de tus piernas hinchadas tras un día así sentada ante tu caja.

También ocurrirá que algunos días tendrás la sensación de que tu oficio es más bien el de trapero, porque has de pasarte mucho tiempo seleccionando porquería de diversos tipos. Son muchos los clientes que piensan que la cinta que precede a tu caja es un cubo de la basura en el que vacían, literalmente, el carrito o el cesto. Se forman así sobre la cinta unos montículos indescriptibles de montones de artículos diversos, todos rebajadísimos, que te corresponderá a ti ir organizando para luego escanear. «Precios increíbles» equivale para esos clientes a «haz lo que te dé la gana». No se toman ni la menor molestia. Menos mal que cuentas con la ayuda de la cinta, cuyos sobresaltos tirarán por los suelos el montón de enanitos para jardín en bello color yeso agrisado, entremezclados con cubretiestos, cubetas de flores... Además, tu amiga la cinta se tragará unas cuantas braguitas y alguna camiseta (chitón, era la última que quedaba, y se ha roto a tiras...).

Por muy bien que te hayan preparado, en el curso de una de estas jornadas has de estar dispuesta a vivir escenas como las siguientes, y más de una vez:

—¿Seguro que no ha contado usted el precio completo, sin la rebaja? ¡Me parece muy caro!
—No, señora. Cada artículo que escaneo lo compruebo para asegurarme de que se lleva usted todo el descuento.

—En este artículo falta el precio, pero me he fijado, vale 1 euro.

—Llamaré para que lo comprueben.

—Pero, ¿no acabo de decirle que me he fijado en el precio? No me haga perder el tiempo.

Llega por fin un empleado de la sección con el precio verdadero: 15 euros.

—¿Qué dice? ¿Tan caro? Yo había visto otra cosa. Mire, ¿sabe qué?, no lo quiero.

Además tendrás que llamar al encargado, siempre con una amplia sonrisa y sin perder el buen humor, hasta unas veinte veces en un solo día, porque tienes que anular ciertas compras. Hay clientes que se precipitan pensando que todo ese montón de cosas «rebajadísimas» van a salirles por nada. Tienes que apechugar con los tacaños, y has de recordar que ese día la gente que se lanza a la caza del ofertón no es toda ella precisamente muy pudiente. Hay muchos que se toman ese día su revancha, mucha gente de pocos medios o de ingresos que llegan muy justito a fin de mes, y que piensan que ese día les corresponde por fin el derecho de actuar como un consumidor de pleno derecho. Porque las rebajas son un invento maravilloso que sirve para que se gaste el dinero incluso aquel que no tiene.

El primer día de rebajas es perfecto para captar en su esencia misma la naturaleza profunda del consumidor del siglo XXI. Un día excepcional que toda cajera digna de ese nombre debería vivir al menos una vez en su vida (y que vivirá más de una, si sigue fiel a su empleo durante muchos años). Para las novatas, si alguna de todas estas sutilezas resulta difícil de digerir, han de recordar que tienen unas cuantas semanas de rebajas por delante. Transcurridas las cuales, el consumidor del siglo XXI dejará de guardar secretos para todas ellas.

¿Qué has empezado a trabajar de cajera justo al final de un periodo de rebajas? No te apures. Terminado este gran vals de los precios vendrán las semanas y los días especiales, las superofertas, los finales de temporada y limpieza de *stocks*, los cambios de temporada y otras muchas campañas de superventas. A lo largo del año no te faltarán ocasiones ni «oportunidades».

## 42

## El espectáculo del fin de semana

Bueno, ¿qué? ¿Todavía quieres más sensaciones fuertes? ¿Hace tiempo que deseas demostrarle al mundo que una cajera puede ser una persona en el pleno sentido de la expresión, o, al menos, en parte? Si posees el grado de abnegación suficiente, y si cuentas con un poquitín de suerte, podrás vivir situaciones más o menos parecidas a estas:

Es un sábado por la tarde, llueve, y mucha gente se ha metido en el supermercado. Una compañera acaba de irse a aprovechar sus minutos de pausa, y me corresponde a mí reemplazarla en el mostrador de venta de entradas. En efecto, hay muchos países en los que las cajeras disfrutamos del privilegio de encargarnos también de este oficio tan especializado.

Llega a mi posición un caballero vestido con traje y corbata, y quiere adquirir diez entradas para un parque de atracciones. Tenemos una pequeña discusión cuando le pido los datos necesarios para imprimir las entradas, pues deben llevar cada una el nombre de la persona que va a utilizarla, pero finalmente me los facilita.

El problema grave se plantea cuando le pregunto cuál es el medio de pago que quiere utilizar, porque responde mostrándome unos cupones de compra. Los observo y le digo:

—Ay, cuánto lo siento, pero no sirven para comprar entradas. —Y le enseño el cartel que tengo a mi lado en el mostrador, donde se indican los medios de pago aceptados—. ¿Lo ve?, aquí lo dice.

—¡Pues cuando compré estos bonos nadie me dijo nada! —replica el señor.

Siendo una cajera experimentada, y conociendo de sobras la naturaleza de esta clase de discusiones (tan frecuentes), y tratando de restarle tensión al momento, opto por llamar de inmediato a una de las responsables de las cajas para que confirme la información que le he dado al señor trajeado. De esta manera, los clientes comprenden que, aunque no seas más que una cajera, no les estás diciendo ninguna tontería.

Así que llamo por teléfono a la caja central y pregunto:

—Oye, ¿verdad que los bonos de compra con la orla de color azul no sirven para comprar entradas? ¿Me lo puede confirmar?

—Confirmado, no sirven.

Cuelgo el teléfono y miro de nuevo al cliente, y le repito una vez más (es así, a veces tienes que ser un loro de repetición) que no puedo cobrarle con esos bonos. El cliente no acepta un no por respuesta e insiste.

—Dígale a la encargada que venga. Quiero hablar con ella.

—Por supuesto, señor. Ahora mismo se lo digo.

Descuelgo de nuevo el teléfono.

—Hola, soy yo otra vez. ¿Te importaría pasar por este mostrador a explicarle al cliente por qué no puedo aceptar sus bonos de compra para pagar unas entradas?

Al otro extremo del hilo, en tono cansado, oigo la respuesta:

—Qué va. Ahora no puedo. Estoy sola en la caja central y el jefe está precisamente resolviendo un problema en este momento, y tampoco puede. Tendrás que arreglártelas tú sola.

—Bueno (tono agobiado), veré lo que puedo hacer.

Cuelgo y me vuelvo otra vez hacia el cliente, tratando de esbozar una sonrisa:

—No sabe cuánto lo siento, pero todos los encargados están ocupados en este momento atendiendo a otros clientes, y acaban de decirme que no puede venir nadie.

El cliente se pone rojo como una amapola. Empieza a dar gritos (de este modo todo el mundo se entera de su mala experiencia, todos los clientes sabrán cuál es el problema, es un señor de una generosidad extrema, sin duda...). No me dejo amilanar, y también yo elevo la voz.

Estamos al servicio de los clientes, sin duda.

Debemos mostrarnos respetuosas con todos ellos, sin duda.

Pero que te tomen por el pito del sereno por un asunto que no está en tus manos resolver ni cambiar, y que por mucho que discutas no tiene solución... Hasta ahí podíamos llegar.

De repente me encuentro en plena discusión. Es del género absurdo.

El hombre grita.

Yo también grito.

El hombre aúlla.

Subrepticiamente, se van acercando algunos clientes, nadie quiere perderse detalle del espectáculo. ¡Esto sí que va a ser entretenido! No todos los días te encuentras ante una discusión a gritos entre un cliente y una cajera...

En cualquier caso, la discusión no puede conducir a ningún lado, y solo termina si uno de los dos se muestra dispuesto a ceder. Después de unos cuantos minutos que resultan la mar de desagradables (porque eso de ponerse a chillar puede resultar muy divertido y relajante si lo haces en un estadio de fútbol, pero en una caja no lo es en absoluto), veo por el rabillo del ojo al responsable de una sección. ¡Qué suerte he tenido! Ante el sonoro intercambio de opiniones que se está produciendo, seguro que lo ha oído todo. Ahora vendrá y calmará a todo el mundo. Mas la esperanza agoniza al cabo de un instante. Finge no haberse enterado de nada y se larga por el siguiente pasillo.

El cliente termina sacando su tarjeta de crédito.

Lo hace bruscamente, para demostrar aún más su enfado... Y se le escurre de la punta de los dedos.

La tarjeta cae al suelo.

Ofendida, me agacho, recojo la tarjeta, se la devuelvo y, manteniendo la calma, le digo:

—Mire usted, señor, no voy a atenderle. No soy su perro, ¿sabe? Ha superado los límites de mi paciencia.

—...

En este momento termina de golpe la tensión. El señor

trajeado se disculpa, paga con la tarjeta, se lleva sus entradas y se va.

Al cabo de unos diez minutos aparece por fin una de las chicas que trabajan en la caja central. Viene a comprobar si he sido capaz de gestionar el conflicto. Le explico la tensión enorme que ha llegado a producirse, y me dice:

—Será mejor que tomes ahora tus minutos de descanso. Voy a enviarte alguien a reemplazarte.

¿Necesitas en un momento dado que uno de tus superiores te respalde o ayude? *Lo sentimos, el número que ha marcado usted no corresponde a ningún cliente.*

¿Crees de todos modos que llevabas toda la razón y no debías aguantar toda esa insolencia por parte del cliente? *No olvides nunca que solo eres una cajera.*

¿Quieres mostrarte servicial con los clientes? *No me lo hagas repetir: solo eres una cajera.*

¿Y me preguntas cuál es la moraleja de esta historia? Al cabo de unos cuantos días llega una nueva consigna para todas las cajeras: a partir de ahora, los bonos de compra, los mismos con el ribete azul que yo había tenido que rechazar, serán válidos también para adquirir entradas.

Disculpen ustedes, tienen razón: esto no es una moraleja. Pero ¿a quién le importan las moralejas?

## 43

## La superlocura de las vísperas de Navidad y Reyes

¡Ah, la Navidad! ¡Qué fecha tan señalada para disfrutar y compartir! Pues mira por dónde, querida cajera, mucho antes de lo que te piensas ya habrá empezado para ti la campaña de Navidad y las rebajas de enero. O sea, la lucha de siempre: carreras por todas partes, cobros multiplicados por cien, multitudes de aquí para allá, protestas de toda clase, estantes vacíos, compras compulsivas, muchísima impaciencia...

¡Ay, santa inocencia! Ya sé que suena un poco chungo decir esto, pero si aún te queda un poco de ella y quieres conservarla, por favor, no te hagas cajera.

La víspera de Navidad, como la víspera de Reyes, es la revolución. Ha estallado la guerra, atacan los zombis. Los clientes se amontonan como moscas a las puertas de la gran superficie. En donde está autorizado por los gobiernos, la apertura se adelanta media hora, y en esos lugares este es un elemento esencial.

Como si temieran perderse alguna superoferta, los clientes del 24 de diciembre no se lanzan primero al asalto de las secciones de hipertecnología o de moda, como el primer día de las rebajas, sino que atacan en primer lugar las secciones de pescadería, carnicería, pollería y charcutería. Esta noche es Nochebuena, día de la fraternidad universal. Pero durante esa jornada lo que notas sobre todo es un aumento del ambiente de agresividad generalizada (que anuncia tal vez la crisis hepática que muchos van a sentir mañana).

«Qué pena que no se pueda utilizar el sistema del autoservicio para ciertos manjares (piensa más de uno, y lo piensa tan fuerte que casi se oye...). El pavo, el capón, el besugo, los mariscos, la pierna de cordero, el cochinillo, el gallo de corral, el asado de ciervo y los cien mil platos regionales típicos de la Nochebuena y la Navidad ya estarían en el carro, y no habría que coger el numerito de la tanda ni insultar a grito pelado al imbécil ese que se me ha colado.»

A partir de la media hora de la apertura, se produce la misma aglomeración insoportable en todas las secciones. Los vendedores están al borde de la crisis nerviosa. Los clientes también. Claro que no por las mismas razones. Centenares de clientes no comprenden por qué, la víspera del día de Reyes, ha habido rotura de *stock* del juguete más vendido de la temporada, qué casualidad, y todos los que han llegado tarde arman un escándalo de campeonato. Hay otros clientes, a docenas, que se empeñan en comprar un regalo que abulte muchísimo (¡y que sea muy guay, eso sí!), pero que cueste menos de 5 euros. Y luego están los que no tienen ni la menor idea de qué es lo que tendrían que regalar a sus hijos, o sobrinos o nietos. Así que dan por supuesto que habrá una vendedora para cada uno de ellos dispuesta a dedicar dos horas enteras a pensar y a buscar eso que ellos ni siquiera saben qué es, pero que, eso sí, ha de ser espectacular y baratísimo. También los hay, a montones, que llegan tres minutos antes de la hora de cierre y que cuando las luces se amortiguan no han sido capaces todavía de tomar una decisión (aunque a algunos les ayuda mucho la penumbra, que es perfecta para elegir el color del vestido de la muñeca).

Cuando en esas fiestas tan bonitas y señaladas todas esas hordas llegan a la caja, la gente muestra la misma carencia de cordialidad y la misma falta de educación que siempre... pero en un grado infinitamente peor. La verdad es que en fechas como estas no hay oferta que valga ni ganga que ni el más listo de los clientes sea capaz de encontrar. Los precios han subido especialmente para celebrar la ocasión. Y, por supuesto, la persona responsable del encarecimiento generalizado de todos los productos eres tú, la cajera. Así que durante esos días te tropiezas constantemente con miradas furibundas en las que puedes leer: «¡Y encima que nos robas, pretendes que te estemos agradecidos!» Y también: «¡No serás tú la que tenga que meter el pavo en el horno, guapa, así que acelera y cobra de una vez, que tengo mucha prisa!»

En estas fechas tan señaladas ninguna cajera debe dejar de mantener viva la sonrisa amable por mucho que la manden a la mierda por enésima vez. Por ejemplo, están los que se preguntan cada año por qué no eres tú misma la que envuelve los productos para regalo, o por qué, si estás en la sección de envoltorios para regalo, no tienes al menos un lazo bonito que sirva para esconder el horroroso color del papel que, encima, tiene por único adorno el logotipo barato del supermercado. ¿Y dónde queda el espíritu navideño si solo tenéis este papel tan espantoso?

Eso sí, a cambio de soportar todo eso, tendrás que multiplicar tu amabilidad y repetir una y otra vez: *feliznavidadybuenasfiestas*, adornando tus palabras con la mejor de tus sonrisas. Sí, tendrás que repetirlo trescientas cincuenta veces, es decir cinco veces más que esa otra frase: «Lo siento, pero no. Ya he comprobado en cada artículo que se le hacía el máximo descuento permitido. No puedo añadir ninguna rebaja adicional.»

No sé qué prefiero, si la campaña de Navidad o la de rebajas. La decoración navideña de las grandes superficies (multitud de guirnaldas multicolores y abetos de plástico por todas partes) es dudosamente mejor que la que se utiliza para las campañas importantes de rebajas, en las que lo único que adorna la tienda es un montón de carteles que se encienden y apagan con su tentador «–50%». Por otro lado, en la campaña de Navidad es bastante probable que te encasqueten un gorro de Papá Noël durante varios días. Mientras que en periodo de rebajas como máximo habrá algún genio de la dirección que decida ponerle a todo el mundo un gorrito de duende... En cualquier caso, se trata de conseguir que hagas el ridículo (y seguro que ni el uniforme glamuroso ni el de estilo abuelita encantadora compensarán el bochorno de llevar esos gorros espantosos...).

Hay una diferencia importante entre Nochebuena y la primera jornada de las rebajas. En Nochebuena, la tienda cerrará más temprano que de costumbre. En cambio, el primer día de rebajas seguro que cierra mucho más tarde, todo cuanto permita la ley. Tampoco es que importe demasiado, ya que la fatiga y el fastidio serán igualmente impresionantes.

Y cuando por fin baje la reja que cierra la gran superficie y comiences a soltar el gran suspiro de alivio, aún estarás a tiempo de escuchar a una cliente de ultimísima hora que se agarra a la reja y chilla a voz en cuello:

—¡Déjeme entrar! ¡He de comprar un regalo!

—Disculpe, señora, está cerrado. Llame a un agente de seguridad y hable con él.

—¡Pero cómo es posible! No querrá usted que llegue a casa esta noche con las manos vacías y todos esperando la gran cena de Nochebuena, ¿verdad?

—Lo siento, señora, pero ya hemos cerrado (y la cajera, pacientemente, lo repetirá todas las veces que sea necesario).

Las cajeras están autorizadas a partirse de risa ante semejantes argumentos, siempre que lo hagan de manera solapada. Y si alguna risilla se escapa y llega a hacerse visible, siempre se puede decir que era un simple ataque de nervios...

Lo más gracioso de todo es pensar que la mayor parte de ese montón de regalos elegidos con tantísimo cuidado, y conseguidos pisoteando a los demás clientes si es necesario, terminarán a la mañana siguiente en un portal de internet, vendidos a mitad de precio... Y es que la víspera de Navidad y el día antes de Reyes son de hecho el verdadero comienzo de las rebajas...

Así que, feliz Nochebuena y felices fiestas a todos, que nadie se olvide de poner los calcetines para que los Reyes los llenen de obsequios, y a la mañana siguiente, a madrugar, porque el que primero coloca sus regalos en internet es el que más probabilidades tiene de encontrar un chollo...

## 44

## Cuenta atrás

Es sábado, 3 de enero... Mi último día de trabajo en el supermercado. ¡Y no estoy soñando!

Todos los gestos que he ido haciendo, todas estas palabras que he estado diciendo decenas de miles de veces, hoy volveré a repetirlos, pero será por última vez. ¡No volveré a trabajar nunca más de cajera! Me gustaría sentarme a reflexionar sobre esta situación... pero no hay tiempo. («¡Por mucho que sea tu último día, aquí no te pagan para estar cruzada de brazos!»)

Llego a la caja central y, como cada día, suelto mi «Buenos días». (¡Huala, hoy hasta me han contestado!). Miro por última vez el cuadro con la distribución del planning semanal y el número de caja que me corresponde (caja 12 hasta las 15 horas; caja 13 hasta las 21 horas; ¡fenomenal! ¡Al lado de los congeladores todo el día! Jo, precisamente hoy me he olvidado la bufanda en casa...).

Como de costumbre, le echo una ojeada al cajón y miro

si me han puesto suficientes cartuchos de monedas para todo el día. Pido que me den más cartuchos de un euro y dos euros. Me llevo un par de paquetes de servilletas limpiatodo, por si acaso a alguien se le cae una bolsa abierta de patatas fritas, o alguien me obsequia con un moco pegajoso, o un cliente siente necesidad de estornudar con la boca abierta y dirigida hacia la cajera) y salgo de la caja central.

Voy a permanecer todavía unas horas más en esta empresa. Nada será igual. Ni siquiera los clientes. ¿Tengo motivos graves de queja? Qué va, tampoco hay que exagerar...

Son las 11 de la mañana. Hay mucha gente abalanzándose hacia las cajas, es sábado y la tienda está llenísima. En mi caja, para variar, no hay silla. Pero hoy he conseguido la proeza de localizar una que estaba vacía en menos de cinco minutos (¡más vale tarde que nunca!). Estoy instalándome y...

—¿Está usted abierta

—...

Por vez primera me ahorro la respuesta. ¡Y es que me da igual! Los clientes (¡solo me quedan los trescientos últimos!) desfilan los unos detrás de los otros. También hoy me tocan los pelmas de turno, faltaría más. El que no deja de hablar por el móvil, el anciano de pies esqueléticos y un agujero enorme en el calcetín, la cliente que solo compra «oportunidades», el cliente con el paquete de papel higiénico de oferta y con una docena de rollos de regalo, el cliente de «los servicios, dónde, ¿eh?». También me tocan unos cuantos clientes simpáticos. El que habla por el móvil y, sin embargo, se interrumpe un instante para decirme hola. Unos clientes han leído en internet algunos de mis textos y me desean suerte, me prometen que de ahora en adelante tratarán a las cajeras como si fuesen seres humanos. ¡Fenomenal! ¡Menudo regalo de despedida! ¡Eso significaría que no he perdido el tiempo escribiendo todo esto!

20 horas 45 minutos. Por los altavoces se oye el mensaje de despedida del supermercado.

¿Ya? El día ha pasado rapidísimamente. Seguro que es por la emoción.

20 horas 55 minutos. Mi último cliente:

—¿No tiene bolsas?

Triunfal. No podía terminar de otra manera.

Lanzo una última ojeada hacia los pasillos que domino desde mi sitio, por si aún queda una clásica pareja «hora de cierre» asomando por una esquina. ¡Ninguna, mala suerte! Hoy les habría prestado una atención especialísima. Sería la última vez en sus dichosas vidas que se atreverían a dirigirse a la caja tan tarde.

Terminó la jornada. Limpio con cuidado muy especial mi cinta transportadora («Te voy a echar de menos, ¿sabes? Gracias por haberme ayudado tan a menudo», le digo), limpio también el espacio de la caja, y aún tengo que ir a hacer el recuento. Se hace todo de una forma tan mecánica que casi te olvidas de la finalidad de cada uno de tus actos. Pero esta noche lo hago pensando en mi sucesora, la compañera que mañana ocupará este puesto. Me pregunto quién será. Es algo en lo que no se suele pensar mucho. No sé por qué.

Última ojeada. Última vez que miro las cosas desde este lado de las cajas.

Todo en orden, nada me retiene aquí.

Con el cajón bajo el brazo, recorro por última vez la hilera de cajas para dirigirme a la caja central. El embaldosado blanco parece huir delante de mí. Y, sin embargo, mis pasos recorren prácticamente el mismo camino que han recorrido cada día, o casi, durante los últimos años. Resulta difícil creer que la próxima vez que venga aquí será como una «simple» cliente. Camino un poco más despacio, quiero conservar viva la memoria de mi estancia en este lugar.

Se cierran con estrépito metálico las rejas de la gran superficie. Se apagan los neones cegadores, queda solo una leve iluminación tamizada. El ruido de mis pasos resuena en la tienda vacía. Oigo a lo lejos un último *bip* solitario, como si todas estas cajas que he utilizado durante tantos años estuvieran diciéndome adiós. Pero es hora de llegar a la caja central y hacer el último recuento.

¡Correcto! Por última vez he contado billetes y monedas, después de hacerlo tantísimas veces. El dinero regresa a mi caja de color negro, que cierro una última vez. La entrego a mis colegas de la caja central, y mañana mismo le quitarán a esta caja la etiqueta con mi nombre, que será entregada a la persona que me reemplace.

Un nombre, un número intercambiables.

La cajera suele estar de paso. Los empleados y empleadas de las grandes superficies se parecen unos a otros... o no.

¿Una copa de cava? ¿... mejor un zumo de naranja? ¿Unas patatas fritas a modo de despedida?

No hay que soñar... No eres un notario, apenas una cajera.

Las compañeras me dan el beso de despedida. ¡Menos mal que estaban ellas!

Voy a marcar por última vez. Bueno, ¡eso espero! 21 horas 15 minutos. En punto. Ay, esta maldita máquina de marcar que tantas veces te pide que pases otra vez la banda magnética de tu tarjeta de empleada... Esta vez se acabó. Mi tarjeta cambiará de propietaria. Mañana, pasado mañana, muy pronto.

Los empleados desfilan, cambian, muy parecidos los unos a los otros... o no.

Me parece que durante mucho tiempo viviré obsesionada por esta hilera de cajas sucesivas, estas decenas de metros a lo largo de los cuales se situaban las cajas. Las luces, el fondo sonoro, los rostros más o menos familiares de los clientes que han pasado por mi caja durante todos estos años, los de las colegas con las que he trabajado.

Todo esto enmudece para mí hoy mismo, esta noche, después de ocho años de cajera. ¡Ocho años!

Me voy con una bolsa (reciclable) cargada de recuerdos y de *bip*, *bip*, *bip*...

¿De verdad que todavía tienes ganas de ser cajera? ¿Todavía te parece que es el oficio de tu vida? ¿No? Ya me parecía a mí...

Ah, ¿que no tienes otra elección?

Ya me parecía a mí... En cualquier caso, muchos ánimos. Y si finalmente las cosas no funcionan, haz lo mismo que yo: escribe un libro. Quién sabe, tal vez se venda en las grandes superficies a 19,99 euros. Y que se queden con el cambio.

# Agradecimientos

Quiero dar las gracias a todas y todos mis colegas por haberme acompañado, sostenido y hecho reír durante estos ocho años al pie de una caja, y sobre todo a algunos y algunas que han acabado convirtiéndose en amigos de verdad.

Gracias también a mis primeros lectores, los que me leyeron en mi blog, y que durante meses me motivaron a seguir esta aventura y finalmente llevarla al papel.

Gracias a Iris y a François, que me han permitido progresar verdaderamente en mi escritura.

Un agradecimiento muy especial a Liliane, que me ha releído con mirada penetrante y consejos sabios.

Gracias a mi familia, que tanto me ha dado cada día y que me ha empujado a superarme.

Y para terminar, gracias sobre todo a Richard, mi esposo, por haber estado siempre presente.

http://cassierenofutur.overblog.com

# Índice

Introducción .......... 9

1. Bienvenida al gran reparto: el trabajo de tu vida .......... 11
2. El Top 3 de las preguntas que pasan por caja .......... 15
3. Desfile de alta costura .......... 20
4. Cómo hacer caja (o en busca de la moneda perdida) .......... 24
5. La entrevista de trabajo .......... 27
6. Estadísticamente tuya .......... 30
7. No cuelgues, ¡estoy en caja! .......... 34
8. Animemos a la clientela .......... 39
9. Guardar tanda .......... 43
10. Picoteo de enamorados .......... 49
11. Los artículos «embarazosos» .......... 52
12. ¡Tengo hambre! .......... 57
13. Un mundo de ofertas y oportunidades .......... 60
14. La maravillosa tarjeta de cliente, tan sencilla como compleja .......... 63

15. La hora del cierre, la hora de apertura: ¡qué gran momento! ........ 66
16. Los clientes también son ingeniosos ........ 73
17. Mens sana in corpore sano ........ 76
18. Siéntate, si puedes ........ 83
19. ¡No robarás! ........ 86
20. ¡Aquí mando yo! ........ 91
21. La cinta transportadora: ¿amiga o enemiga de la cajera? ........ 97
22. ¿Dónde esconder el tesoro? ........ 101
23. ¡Pago yo! ........ 103
24. Los niños dicen la verdad ........ 107
25. El sexo de los ángeles ........ 110
26. Llega la pausa ........ 112
27. ¿Lleva usted menos de diez artículos? ........ 120
28. Personas con prioridad ........ 124
29. Control de la identidad: documentos, por favor . 127
30. ¡Achís! ........ 131
31. Son 19,99 euros, gracias ........ 132
32. ¿Y si te enamoras de tu caja? ........ 136
33. Game over ........ 144
34. ¿Código de barras? ¿Ha dicho usted código de barras? ........ 147
35. Qué raro, es muy pegajoso ........ 149
36. Clientes borrachos ........ 151
37. Derramamiento de sangre ........ 153
38. Yo acuso ........ 156
39. ¿Le importa ir a la caja siguiente? ........ 159
40. Bueno, pero ¿funciona o no funciona? Los seis pasos para establecer un precio ........ 161
41. ¡Al ataque, consumidores! ¡Llegaron las rebajas! . 165

42. El espectáculo del fin de semana . . . . . . . . . . . . . . 172
43. La superlocutora de las vísperas de Navidad
y Reyes. . . . . . . . . . . . . . . . . . . . . . . . . . . . . . 177
44. Cuenta atrás . . . . . . . . . . . . . . . . . . . . . . . . . . 182

Agradecimientos . . . . . . . . . . . . . . . . . . . . . . . . . . 187